SPIEL- UND ÜBUNGSBUCH
ZUR SUPERVISION

HANNES BRANDAU / WOLFGANG SCHÜERS

Spiel- und Übungsbuch
zur Supervision

OTTO MÜLLER VERLAG

Illustrationen von Martin Gollowitsch

Die Deutsche Bibliothek – CIP-Einheitsaufnahme

Brandau, Hannes:
Spiel- und Übungsbuch zur Supervision / Hannes Brandau/Wolfgang Schüers. –
Salzburg : Müller, 1995
  (Psychologie)
  ISBN 3-7013-0880-2
NE: Schüers, Wolfgang:

2. Auflage

ISBN 3-7013-0880-2
© 1995 Otto Müller Verlag Salzburg/Wien
Alle Rechte vorbehalten
Satz: Fotosatz Rizner, Salzburg
Druck: Druckerei Roser, Salzburg

Danksagung

Wir danken Prof. Dr. Heinz Kersting und Dr. Gunther Schmidt für wertvolle Hinweise, Frau Christine Witzeling für Ihre eingehende Korrektur, Frau Monika Vucsak für Ihre intensive Unterstützung bei der Ausführung und Gestaltung von Graphiken und Text und Herrn Martin Gollowitsch für die Visualisierung und Gestaltung der Cartoons.

STATT EINER EINLEITUNG – EINE WARNUNG!

Dieses Buch kann lebensgefährlich sein, wenn Dein Leben darin besteht, Dich lediglich auf gesichertem Boden zu bewegen, Neues abzuwehren, vor „Ent-Täuschungen" davonzulaufen und stets nur Vertrautes zu verdauen. Diese Haltung, die von den bekannten Autoren des Buches „Delphinstrategien" (Lynch, Kordis, 91) als Karpfenmentalität beschrieben wird, steckt in uns allen. Sie wird aber durch dieses Buch sehr irritiert, weil es sich nicht um ein objektiv fundiertes Lehrbuch der „wahren und einzig richtigen Supervision" handelt.

Wenn Du jedoch gierig nach Neuem suchst, um Deine Konkurrenten auszustechen und andere besser zu manipulieren, wirst Du viele Brocken zum Fressen finden, obwohl manche Nahrung im Buch für die eben beschriebene „Haimentalität", die natürlich wiederum in uns allen steckt, unverdaulich ist. Allerdings können sich Haie auf die Lückenhaftigkeit, Unwissenschaftlichkeit und eine Vielzahl anderer Fehler stürzen, um das Buch letztlich zu zerfetzen.

So bleibt die Möglichkeit der in uns schlummernden „Delphinheit", die in einer kreativen, neugierigen und spielerischen Haltung das experimentelle Lernen genießt und nichts lieber als neue Herausforderungen annimmt. Dieses Buch möchte in allen Beratern, Coaches, Supervisoren und an systemorientierter Supervision Interessierten die „Delphinheit" wecken und „herausfordern". Das heißt auch immer wieder, das „Lernen des Lernens" und das „Lernen des Lernens, wie man lernt" zu reflektieren.

Wir haben dieses Buch auch geschrieben, weil das Interesse und der Bedarf an Supervision, Organisationsberatung und Reflexion der beruflichen Arbeit und Bedingungen ständig zunimmt.
Zugleich ist die Rolle des „Experten" und „Super-Visors" immer umstrittener und fragwürdiger geworden. Ein Dilemma?
Während die Wissenschaftler und Weisen eines blinden Volkes immer noch nach der Wahrheit suchen, entscheiden wir uns, der Zunft der Narren beizutreten.

1. GEBRAUCHSANLEITUNG ZUM BUCH

Um Dir einen raschen Zugriff zu den für Dich interessanten Spielen, Übungen und Themen zu ermöglichen, haben wir das Buch in drei Bereiche eingeteilt.

Im ersten Teil findest Du zu relevanten Themenbereichen der Supervision Übungen und Spiele zum Experimentieren, die jeweils mit Zielformulierungen und kurzen inhaltlichen Impulsen eingeleitet werden. Entsprechende Hinweise verweisen auf die Seiten im zweiten Teil, auf den Vertiefungstext des Buches, wo Du vertiefende Anregungen, Übersichtsstrukturen und Modelle findest.

Im dritten Teil des Buches findest Du zu den Themenbereichen der Supervision sowohl die im Text zitierten als auch weiterführende Literaturangaben. Unser Ressourcensymbol, ein Delphin zeigt, je nachdem ob er mit einem, zwei oder drei Bällen spielt, den Schwierigkeits- und Herausforderungsgrad der jeweiligen Übung an.

Ein Ball: Diese Übungen, Spiele und Reflexionen setzen keine speziellen Vorkenntnisse voraus und sind für Anfänger auf dem Gebiet der Supervision geeignet.

Zwei Bälle: Übungen und Spiele dieser Stufe setzen Basiskenntnisse systemischen Denkens voraus.

Drei Bälle: Mehrjährige Erfahrung und Kenntnisse im Bereich systemischer Theorie sind zur erfolgreichen Durchführung dieser Übung günstig. Anfänger und Nicht-Systemiker können jedoch bei diesen Übungen interessante Erfahrungen machen und Erfolgserlebnisse erzielen. Diese stets entdeckende und spielerische Lernhaltung des Delphins kann gerade bei dieser Stufe helfen zu lernen, wie man lernt.

Viele Übungen des Buches können auch allein, etliche zu zweit und viele in Gruppen durchgeführt werden.

Im Text verwenden wir das Kürzel SV für Supervisorin und Supervisor und das Kürzel SD für Supervisandin und Supervisand.

2. STANDORTE

2.1. Standortbestimmung oder was wir uns selbst alles so über Supervision „einreden"

Unter Supervision verstehen wir die begleitende Reflexion von Erfahrungen, Fragestellungen und Konflikten der beruflichen Arbeit.
Durch die Vermittlung einer(s) SV wird ein kreativer Dialog zwischen allen Beteiligten unterstützt, der eine Aktivierung und Nutzung der Ressourcen der(s) SD weckt und schließlich Hilfe zur Selbsthilfe ermöglicht. Dies geschieht unter Berücksichtigung der kontextuellen Bedingungen der Arbeitssituation der(s) SD und der Supervision.

Einige Grundprinzipien systemorientierter Supervision:

➤ Rapport, SV versucht, den Kunden in ihrem Bezugsrahmen respektvoll zu begegnen.

➤ Utilisation, SV versucht, die vorhandenen Fähigkeiten, Erfahrungen, Strukturen und Traditionen, Ressourcen usw. der Systemmitglieder für die Zusammenarbeit zu achten und zu nutzen.

➤ Eigenverantwortlichkeit, SV achtet die fachliche und persönliche Kompetenz der SD und ihre Möglichkeiten, Konflikte und Probleme zu bewältigen.

➤ Koevolution, d. h. der (die) SV unterstützt den kommunikativen Prozeß, der ein gemeinsames Entwickeln kontextsensibler Strategien für die jeweiligen Fragen und Konflikte ermöglicht.

➤ Rekontextualisierung; die bedeutsamen, organisatorischen, strukturellen Bedingungen werden in ihren Auswirkungen auf Team, Interaktions- und Kommunikationsprozesse wahrgenommen.

Dabei ist die Arbeit ziel- und lösungsorientiert und:

➤ aktiviert vorhandene Ressourcen
➤ weckt die kreative Eigendynamik
➤ gibt Hilfen zur Selbsthilfe
➤ führt neue zusätzliche Perspektiven und Handlungsweisen ein
➤ gibt Raum für autonome Selbstorganisation
➤ erhöht die Reflexionsfähigkeit des Systems in Bezug auf sich selbst und seine Umwelten

Hinweis: Vergleiche Vertiefungstext Kapitel 6.1. Inventar wesentlicher Supervisionsfähigkeiten, Seite 122

2.2. Was Supervision alles nicht leisten kann

Supervision ist kein:

➤ Ersatz für regelmäßige Mitarbeiterbesprechungen und Teamsitzungen
➤ Instrument der Gehirnwäsche und beruflichen Professionalisierung von schlecht ausgebildeten MitarbeiterInnen
➤ Ersatz für gutes Management
➤ Ersatz und Kompensationsinstrument für Führungsschwächen von Vorgesetzten und strukturellen Leitungsdefiziten
➤ Methode, um fragliche Strukturen oder Bedingungen einer Organisation zu balancieren
➤ Allheilmittel für Menschen in helfenden Berufen; ihr Einsatz bedarf zunächst einer detaillierten Untersuchung der vorliegenden Bedingungen und
➤ tendiert, je nach theoretischem Hintergrund, zur Psychologisierung, Soziologisierung, Politisierung, Gruppendynamisierung

Langfristige und regelmäßige Supervision birgt die Gefahren:

➤ die jeweiligen SD zu entmündigen
➤ die Leiter in ihrer Funktion zu entwerten

➤ die oft langjährigen Erfahrungswerte der SD zu wenig zu berücksichtigen
➤ die Fähigkeit der autonomen Selbstorganisation von Schwierigkeiten zu schwächen
➤ Abhängigkeitsverhältnisse aufzubauen
➤ unangemessene organisatorische Strukturen zu stabilisieren und zu chronifizieren

2.3. Definitionsversuche zum Begriff Supervision

Ziele: → Entwickeln einer Arbeitsdefinition von Supervision
→ Erkennen von unterschiedlichen Definitionsschwerpunkten und deren praktischen Auswirkungen

Impuls: Definitonen können einschränkende und suggestive Gewalt ausüben, indem sie Komplexität reduzieren, um Halt und Orientierungen anzubieten. In Würdigung der langen Tradition von Supervision im sozialarbeiterischen Feld und der Supervision therapeutischer Schulen sollen Fragmente für eine Definition angeboten werden. So kann möglicherweise eine kreative Spannung entstehen und gehalten werden, die der raschen ideengeschichtlichen Entwicklung im Bereich Supervision mehr entspricht als einseitige Aus- und Abgrenzungen.

Arbeitsauftrag 1:

Entwickle aus den Definitionsfragmenten Deine momentane Definition von Supervision und diskutiere die Unterschiede und Gemeinsamkeiten in der Gruppe.

Fragmente:
Begleitende Reflexion, Analyse von Gegenübertragungsprozessen, freiwillige Beziehung, zeitlich befristeter Prozeß, Berater als Außenstehender, Reflexion von arbeitsbezogenen Problemstellungen, auf dem Hintergrund struktureller Organisations-bedingungen, berufliche Interaktionsprobleme, Ort der emanzipativen Aufklärung, in Verbindung mit Team- und Organisationsdynamik, Unterstützung im Bereich des beruflichen Lernens, Wiedergewinnen und Unterstützen von Ressourcen im Arbeitsfeld, regelgeleiteter Beratungsprozeß über Probleme und Konflikte der beruflichen Interaktion, fachliche Selbstreflexion zur beruflichen Selbstkontrolle;

Vertiefungsauftrag 1:

Diskutiere die praktischen Auswirkungen der verschiedenen Definitionsversuche in Deiner Gruppe, insbesondere auch der Defizitorientierung in den Definitionen.

2.4. Orientierungsschema verschiedener Supervisionsformen

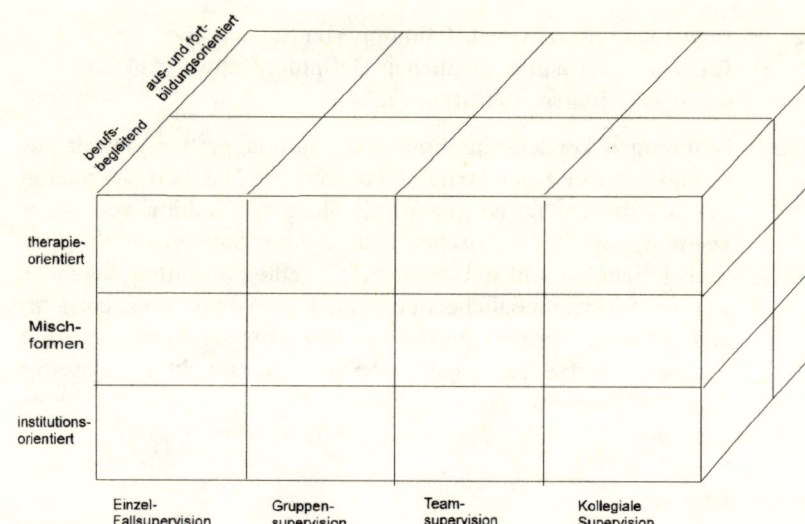

Dieses Orientierungsschema ist ein „verzweifelter" Versuch, die Vielfalt der Anwendungsbereiche von Supervision in ihren Kombinationsmöglichkeiten darzustellen.

Diese Darstellung versucht die Komplexität supervisorischen Handelns einzufangen, kann aber die historischen Strömungen aus der Tradition der Sozialarbeit und Psychotherapie sowie neuere Einflüsse der Organisationsberatung nicht angemessen erfassen.

Unter „therapieorientiert" verstehen wir alle Supervisionsprozesse, die sich auf die Reflexion therapeutischer Tätigkeit beziehen.

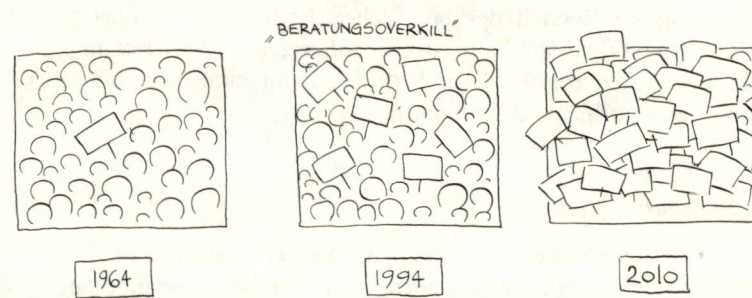

Unter „institutionsorientiert" verstehen wir alle Supervisionsprozesse, die institutionelle Rahmenbedingungen der Tätigkeit der (des) SD mitreflektieren. Natürlich gibt es zwischen allen Segmenten und Dimensionen Überschneidungsbereiche. Damit wird das kreative Chaos aber auch die Offenheit und Absurdität rigid abgrenzender Definitionen anschaulich.

Daß in der postmodernen Informationsgesellschaft mehr und mehr Menschen immer länger über ihre Arbeit mit Hilfe anderer reflektieren, könnte man als parasitäres Reflexionssyndrom bezeichnen. Aber auch die Qualität dieser Reflexion muß in einer Metareflexion reflektiert werden.
Daraus erschließen sich neue Handlungsfelder für Berater wie z. B.: Supervisoren der Supervisoren oder Meta-Supervisoren, Berater beraten Berater, wie sie Berater beraten, die beraten.

2.5. Beratungsformen im Arbeitsbereich

Ziele: → Differenzierung unterschiedlicher Supervisionsformen

Impuls: Es gibt derzeit vielfältige Beratungsformen zur Reflexion und Veränderung beruflicher Arbeit. Möglicherweise tragen die immer schnelleren Veränderungen zu diesem Boom bei.

Arbeitsauftrag:
Wo sind für Dich die Begriffe: Balintgruppe, Konzeptsupervision, Rollenberatung, Organisationsentwicklung, Institutionsanalyse, Kontrollanalyse, Teamcoaching und Organisationssupervision einzuordnen und wie lassen sie sich definitorisch abgrenzen?

Gruppensupervision
TeilnehmerInnen aus verschiedenen Institutionen reflektieren gemeinsam Fragen beruflicher Interaktionen und entwickeln Strategien mit Hilfe der Konzepte, die dem jeweiligen Supervisionsansatz zugrunde liegen.

Organisationsberatung
Nicht nur Subsysteme sondern auch weitere Einheiten und Teile einer Organisation werden zum Gegenstand der Reflexion gemacht. Dies erfordert Vorgehensweisen von zeitlichem, strukturellem und personalem Aufwand, der von einer Supervision nicht geleistet werden kann.

Teamsupervision
Ein Team, das innerhalb einer Organisation in einen gemeinsamen Arbeitsprozeß eingebunden ist, bearbeitet die eigene Dynamik in der beruflichen Interaktion unter Beachtung der institutionellen Rahmenbedingungen und Zielsetzungen der Organisation und der gesellschaftlichen Bedingungen, in die die Organisation eingebettet ist.

Möglichkeiten, um Fragen und Herausforderungen der beruflichen Tätigkeit zu reflektieren und zu bearbeiten.

Fallsupervision
Hier steht die Bearbeitung persönlicher Schwierigkeiten in einer konkreten Berater-Klienten-Beziehung, unter Berücksichtigung der auftretenden Spiegelphänomene in der Interaktion von SV und SD.

Coaching
Eine Form von Leitungssupervision, ein Beratungsangebot, welches einen Rollenträger bei der Findung und in der Gestaltung seiner vielfältigen Aufgaben begleitet und unterstützt.

Intervision
Form kollegialer Supervision, die je nach Kompetenz der TeilnehmerInnen z. B. als Gruppensupervision organisiert ist und wo Fallbesprechungen im Vordergrund stehen und möglicherweise sogar Teamprozesse autonom bearbeitet werden. Besonders Videofeedback kann diesen Prozeß unterstützen.

2.6. Beziehe Stellung: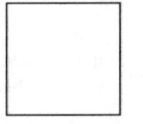

Ziele: → Auseinandersetzung mit persönlichen Entscheidungen zur Supervision
  → Klärung der momentanen Position
  → Sensibilisierung für kontextabhängige Perspektiven

Impuls: Es ist wichtig, daß SV ihre Vorentscheidungen bezüglich supervisorischer Tätigkeit deklarieren und damit ihre Position bestimmen. Der Umgang mit Polaritäten scheint ein wesentlicher Bestandteil supervisorischer Tätigkeit zu sein.

Arbeitsauftrag: Markiere Deine derzeitige Position in den Feldern.

Der SV ist jemand, der aufgrund von Erfahrungen und Ethik
Stellungnahmen abgibt

Der SV ist ein
vorwiegend Fragender

21

Supervision thematisiert grundsätzlich existentielle Fragen,
die eine geschlechtsspezifische Perspektive überschreiten

Supervision unterliegt grundsätzlich
der Einschränkung geschlechts-
spezifischer Perspektiven

$$\begin{array}{c} - \quad\quad\quad + \\ - \ \boxed{} \\ + \end{array}$$

Mein Stil ist eher konfrontierend

Mein Stil ist eher einfühlend

$$\begin{array}{c} - \quad\quad\quad + \\ - \ \boxed{} \\ + \end{array}$$

Supervision verlangt grundsätzlich Parteilichkeit,
sonst erfolgt eine Entpolitisierung durch Beratung

Supervision verlangt grundsätzlich
Abstinenz, sonst erfolgt Verzerrung
durch Identifikation

$$\begin{array}{c} - \quad\quad\quad + \\ - \ \boxed{} \\ + \end{array}$$

Der Schwerpunkt meiner Aufmerksamkeit
beim Supervidieren liegt vielmehr beim SD

Der Schwerpunkt meiner Aufmerksamkeit liegt primär beim KS

$$\begin{array}{c} - \quad\quad\quad + \\ - \ \boxed{} \\ + \end{array}$$

Supervision verlangt primär hohe
Feldkompetenz

Supervision verlangt primär
universelle Beratungskompetenz

$$\begin{array}{c} - \quad\quad\quad + \\ - \ \boxed{} \\ + \end{array}$$

2.7. Rollen und Beziehungsmuster in der Supervision

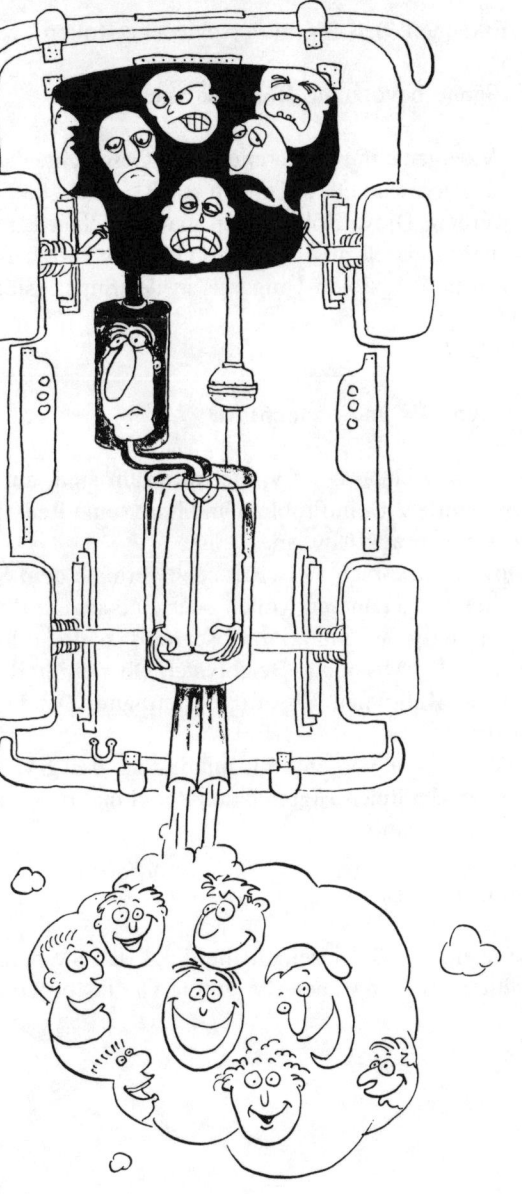

DER SUPERVISOR ALS KATALYSATOR

23

2.7.1. Supervisionsrollen

Ziele: → Erkennen, daß SV in verschiedene Rollen „verführt" werden

→ Eigene bevorzugte Rollen kennenlernen

Impuls: SV neigen aufgrund ihrer eigenen Geschichte dazu, unbewußt Rollen zu übernehmen, die ihnen z. B. durch die Klienten suggeriert werden. Diese Rollen üben maßgeblichen Einfluß auf den Supervisionsprozeß aus und schränken die Möglichkeiten eines kreativen und flexiblen Umgangs in der Supervision ein.

Arbeitsauftrag 1:

Rollen: Mehrere SV und mehrere SD

1. Die SD suchen einen der SV, die im Raum sind, auf.
2. Schildere dem SV Dein Problem und höre seine Reaktion, Stellungnahme, Aufforderung, Frage usw. an.
3. Nach kurzem Gespräch zwischen euch verleihe dem SV intuitiv und provokant eine der genannten Rollen oder eine andere Rolle, die Dir einfällt, in dem Du diese auf einen Zettel schreibst und sie dem SV verschlossen zusteckst. (z. B.: Missionar, Beichtvater, Oberlehrer, Retter, Kumpel, Richter, Anwalt, Mülleimer, Experte, Supermann, Detektiv, Vermittler, Bundesgenosse)
4. Wiederhole diesen Vorgang mit mindestens drei SV.
5. Die SV lesen die ihnen zugesteckten Zettel und reflektieren die Bedeutung der Rollenzuweisung.

Vertiefungsauftrag 1:

Übung wie oben, die SD verleihen allerdings den SV nach dem Gespräch die Rolle, die ihrer Meinung nach die größte Herausforderung für den SV darstellt.

2.7.2. *Drei typische Beziehungsmuster zwischen SV und SD*

Ziele: → Wahrnehmen von (verdeckten) Beziehungsangeboten der SD

→ Anbahnung kooperativer Interaktionsmuster in Supervisionsprozessen

Impuls: Im Kurzzeittherapiemodell von Steve de Shazer (1989) werden die Beziehungsangebote von einem Kunden, der gegen sein Problem aktiv etwas unternehmen will, vom Klagenden, der zwar eine Lösung will, aber seine Selbstverantwortung dafür nicht wahrnimmt, und vom Besucher, der weder ein Problem hat, noch aktiv eine Lösung anstrebt, sondern häufig geschickt ist, unterschieden.

Arbeitsauftrag 1:

Bildet 3er-Gruppen und legt Rollen als SV, SD und Beobachter fest.

a) SD denkt sich zu seiner Rolle als Kunde, Beklagender oder Besucher eine kleine Problemgeschichte und ensprechende Interaktionsmuster aus.
b) Wechseln der Rollen nach etwa 4 Minuten.
c) Mitteilungen des Beobachters und Austausch der Erfahrung in der jeweiligen Rolle.
d) Wechseln der Rollen.

Vertiefungsauftrag 1:

Erfindet weitere Beziehungsangebote von SD an den SV wie z. B.:

„Sieh doch, was für ein armes Schwein ich mit diesem Fall bin" etc.

2.8. Kontext

Ziele: → Differenziertes Wahrnehmen kontextueller Rahmenbedingungen

Impuls: Supervision findet in unterschiedlichen Bedingungen statt, die maßgeblichen Einfluß auf die Wahrnehmung der Interaktionen nehmen
und die bedeutungsgebenden Prozesse einschränken.

Arbeitsauftrag 1:

Welche Assoziation und Gefühle hast Du beim Lesen dieser Kontext-
beschreibung?

Arbeitsauftrag 2:

Was fällt Dir im Verhältnis von Klienten- und Beratersystem auf?
Worauf ist im Supervisionssystem zu achten?

„ In einem ehemaligen Prostituiertenhotel ist die Suchtkrankenberatungsstelle.
Ich läute, eine geistliche Schwester öffnet mir in ihrer sauberen blauen Tracht
mit weißem Kragen. Auf den 4 Stufen, die zur inneren Glastüre führen, liegen
zwei Männer. Ihre Mäntel sind abgerissen, sie riechen nach Bier und alten
Sachen. In einem Nebenraum, durch eine Glastüre abgeteilt, sitzen 14 Sucht-
betreuer mit mir in einem Kreis. Der Boden ist aus Plastik, die Sessel abge-
schlagen und unbequem, kalter Rauch dringt aus dem Nebenraum ein, in dem
5 Menschen in einer Ecke sitzen und ununterbrochen rauchen und reden. An
der Wand ist ein Plakat mit der Beschreibung der Stufen des gesellschaftlichen Abstieges als Folge der Alkoholkrankheit angebracht."

Aus „Armut schändet" - Arme Supervision von armen Betreuern für arme Trinker - von Peter
J. Scheer, in: Hannes BRANDAU, 'Supervision aus systemischer Sicht' S. 123.

Vertiefungsauftrag 1:

Welche Auswirkungen hat die Krankheitsdefinition Alkoholiker auf die Wech-
selwirkung zwischen Arbeitssystem, (Suchtkrankenberater - Alkoholiker) Team,
(Suchtkrankenbetreuer), Institution (Kirche) und Gesellschaft mit dem jeweiligen Kontext?

Hinweis: Vergleiche Vertiefungstext Kapitel 6.3. Kontextspezifische Perspektiven, Seite 125,
Kapitel 6.4. Kontextualisieren, Seite 126

2.9. Paradigmata systemischer Supervision

Ziele: → Unterscheidung verschiedener Paradigmen systemischer Supervision, ihrer Möglichkeiten und Grenzen

Impuls: Wir unterschieden in der systemischen Supervision strukturalistische und konstruktivistische Konzepte. Vereinfachend ausgedrückt ist es in Supervision aus strukturalistischer Perspektive wesentlich, einen Prozeß zur Reduktion von Komplexität und kontextsensiblen Erweiterungen des Handlungsspielraumes anzuregen, während konstruktivistische Supervision versucht, einen kooperativen Austausch über Wirklichkeitsbeschreibungen anzuregen, um neue Impulse und Visionen zu erfinden.

Arbeitsauftrag 1:
Vergleiche die beiden Supervisionssequenzen und diskutiere die Unterschiede in Kleingruppen.

1. SD: Ich habe gegenüber diesem Klienten so ein Gefühl von Bedrängtheit.
   SV: Woran erinnert Dich das?
   SD: An einige Männer, mit denen ich schon Beziehungen hatte.
   SV: Kann es möglich sein, daß Dich dieser Mann an Deinen Vater erinnert?
   SD: Na, ja – Mein Vater war schon anders, aber er hat mich schon irgendwie immer bedrängt, wenn es um Leistung ging.
   SV: Kann es sein, daß Du Deinem Klienten beweisen möchtest, daß Du kompetent bist?
   SD: Ja, das war mir aber nicht bewußt.

2. SD: Ich habe gegenüber diesem Klienten so ein Gefühl von Bedrängtheit.
   SV: Angenommen, Du würdest ihm das sagen, wie würde er wohl Deiner Meinung nach reagieren?
   SD: (lacht) Er wäre überrascht, vielleicht verlegen.
   SV: Und wenn er das wäre, wie würdest Du damit umgehen?
   SD: Ich wäre es wahrscheinlich ebenso.
   SV: Und was wäre dann, wenn ihr beide verlegen wärt?
   SD: Das weiß ich nicht.
   SV: Angenommen, Du würdest Dir wie durch ein Wunder erlauben, all das auszusprechen, was Du spürst, was wäre dann Deine schlimmste Phantasie?

Vertiefungsauftrag 1:

Vergleiche die vorgenannten Sequenzen mit Hilfe der Positionsmarkierungen.

struktureller Supervision	**konstruktivistischer Supervision**
Präzise Beobachtung und Formulierung von überprüfbaren Hypothesen, die sich auf zugrundeliegende Strukturen eines Systems beziehen	Erfinden neuartiger Perspektiven
Könnte die Hypothese X das Verhaltensmuster erklären?	Welche Auswirkungen hätte es, wenn man von Beschreibung X ausgeht?
Die Richtigkeit einer Intervention merkt man an der heilenden Wirkung	Es gibt keine richtigen Interventionen, Impulse zur systemeigenen Selbstorganisation
Es gibt problemstabilisierende Lösungsversuche des SD	Die Art der Beschreibung der (des) SD ist zumeist das Problem
Erkennen von systemimmanenter Verstrickung (Blindheit) und von unbewußten Abwehrmechanismen	Zentrierung auf Kompetenzen und zukünftige Ressourcen
Analyse und Auflösung von dysfunktionalen Mustern ist wesentlich	Erfinden von nützlichen Geschichten und Realitätsstrukturen ist wesentlich
Handlungsbezogene Interventionen mit beobachtbarem Effekt (z. B. Rollentausch, Skulpturarbeit)	Kreative Konversation und Reflexion (z. B. reflexive Fragen)
Affekte und Handlungen sind für Veränderung wichtig	Unterschiedliche, kognitive Version der „Problemgeschichte" ermöglicht autonome Löstungen

Hinweis: Vergleiche Vertiefungstext Kapitel 6.5. Paradigmatasystemischer Supervision, Seite 128

2.10. Anregung für kritisch-anspruchsvolle Diskussionen oder, auch Systemiker haben ihre Grenzen

Ziele: → Kritische Auseinandersetzung mit Voraussetzungen

→ Gefahren von unreflektierten Vorannahmen und Menschenbildern in der Supervision

→ Erarbeitung einer eigenen Position im Spektrum systemischer Supervisionspraxis

Impuls: Systemisch orientierte Konzepte struktureller oder konstruktivistischer Spielart können Kreativität, Flexibilität und Sensibilität blokkieren, wenn sie in reduktionistischer und rigider Form angewendet werden. Die Unterscheidung, - wann bei wem, wo, was - in einem System als gedachten Kontext einen Unterschied macht und hilfreich ist, erfordert immer wieder auch ein Infragestellen bisheriger systemischer Konzepte und Vorannahmen.

Arbeitsauftrag 1:

Nimm bitte Stellung zu folgenden kritischen Aussagen über systemorientierte Konzepte. Definiere, wie sehr oder wie wenig Du den Aussagen zustimmst und diskutiere mit anderen Vor- und Nachteile.

1. Ohne ein geschichtliches und psychodynamisches Verständnis der Transaktionsmuster eines Beziehungssystems bleibt systemisches Arbeiten reduktionistisch.

2. Bei angsterregenden Prozessen (z. B. im Team) die Flucht in Techniken anzustreben, untergräbt die „Ent-Wicklung" von autonomer Bewußtheit gegenüber dieser Dynamik.

3. Lösungs- und zielorientierte Ansätze lassen vergessen, daß Supervision einen Raum entwickeln soll, in dem alles so sein darf, wie es subjektiv erlebt wird. Die Bewegung auf das Ziel erfolgt letztlich autonom, indem ein vollständigeres und bewußteres Erleben des Ist-Zustandes den nötigen Freiraum dazu entwickelt.

4. Eine oberflächlich ressourcenorientierte Haltung kann leicht zur Ausblendung der Dynamik des „Schattens" von Leid, Trauer und Aggression führen. Dadurch kann die respektvolle Konfrontation mit klientenschädlichen Defiziten verloren gehen.

5. Eine rein auf Sprache und Kognition aufgebaute systemische Praxis (semantisch, orientierter narrativer Reduktionismus) läßt die körperzentrierten, erlebnis-aktivierenden und handlungsbezogenen Bedürfnisse und Aktivitäten verkümmern.

6. Ein Reduktionismus von „systemischer Perspektive" auf Konstruktivismus vermindert die Flexibilität und Kreativität von Supervisoren.

Hinweis: Vergleiche Vertiefungstext Kapitel 6.2. Die elf Gebote eines systemischen Supervisiors, Seite 124

3. ETHIK UND GRENZFRAGEN DER SUPERVISION

Im Rahmen dieses Übungsbuches wollen wir einige Aspekte des Themas Ethik umreißen, die eine Auseinandersetzung mit den eigenen ethischen Grundhaltungen herausfordern können. Damit möchten wir bei Leserinnen und Lesern eine kontinuierliche Reflexion und Offenheit für dieses so bedeutsame Thema anregen.

3.1. Ethische Grundpositionen

Ziele: → Auseinandersetzungen mit ethischen Grundpositionen systemischer Beratung

Impuls: *„Wenn es einen Wert gibt, der Wert hat, so muß er außerhalb alles Geschehens und So-Seins liegen. Denn alles Geschehen und So-Sein ist zufällig. Was es nicht-zufällig macht, kann nicht in der Welt liegen; sonst wäre diese wieder zufällig. Es muß außerhalb der Welt liegen. Darum kann es auch keine Sätze der Ethik geben. Sätze können nichts Höheres aussprechen. Es ist klar, daß sich die Ethik nicht aussprechen läßt... Wovon man nicht sprechen kann, darüber muß man schweigen."*

(Wittgenstein, 1963)

Arbeitsauftrag:

Bildet Kleingruppen und diskutiert die vier vorliegenden Aussagen. Findet und formuliert ethische Grundsätze, die für Eure Arbeit maßgeblich sind.

„Ich glaube, wenn man es fertig brächte, voll zu einer konstruktivistischen Auffassung durchzubrechen, nämlich, daß wir die Architekten unserer eigenen Wirklichkeit sind, dann würde sich eine solche Haltung durch drei wesentliche Merkmale auszeichnen:

Freiheit, denn wenn ich weiß, daß ich der Konstrukteur meiner eigenen Wirklichkeit bin, dann steht es mir frei, diese anders zu gestalten.

Verantwortlichkeit, denn dieser Mensch wäre im tiefsten ethischen Sinn verantwortlich, denn wer weiß, daß er der Konstrukteur seiner Wirklichkeit ist, dem steht das bequeme Ausweichen in das Schuldzuschreiben an andere oder an das Sosein der Umstände nicht mehr offen.

Toleranz, denn wer weiß, daß er seine eigene Wirklichkeit konstruiert, würde dann dasselbe Recht auch anderen geben."
(Watzlawick, Berufskrankheiten von Psychotherapeuten, Cassette der Autobahn-Universität, Carl-Auer-Systeme Verlag, Heidelberg, 1994)

„Watzlawick und andere radikale Konstruktivisten setzten das Individuum munter von seiner geschichtlichen, geschlechtlichen und gesellschaftlichen Abhängigkeit ab und machen es zum Zentrum des Lebens schlechthin. 'Der Geist hilft unserer Schwachheit auf' – dieser wunderbar tröstende Satz aus der Bachkantate wird verbogen zur Doktrin des wirklich autonomen Subjekts in einem unbedeutenden gesellschaftlichen Kartenhaus. Falls dieses Subjekt als Frau z. B. zu müde, zu arm oder zu verstört ist, um ihre Welt jeden Morgen neu zu erfinden, liegt dies an ihrer mangelhaften Wahrnehmung oder den falschen Konstruktionen, nicht aber an den politischen oder sozialen Bedingungen ihrer Lebenswelt".
(Rosemarie Welter-Enderlin, Macht macht Mühe, Cassette der Autobahn-Universität, Carl-Auer-Systeme Verlag, Heidelberg, 1994)

Systemisch orientierte Supervision kann letztlich nur politisch sein, da sie in Institutionen unseres Gemeinwesens stattfindet. Ausbeutungsverhältnisse gegenüber Menschen oder ökologischen Ressourcen lassen keine neutrale Beraterposition zu, sondern fordern zu eindeutiger Stellungnahme und Handlungsbedarf heraus.

Eine inhaltliche Supervisionsethik mit ewig gültigen Werten wie etwa die zehn Gebote, kann es in einer posttraditionellen Gesellschaft nicht geben. Beratungsethik heißt, immer wieder neu dialogische Verständigung mit allen Betroffenen eines Konflikts oder Problems anzuregen, die dann im Sinne einer gemeinsam erarbeiteten Selbstverpflichtung der Kunden als handlungssteuernd gilt.

3.2. Auswirkungen von Prämissen auf die supervisorische Tätigkeit

Ziele: → Auseinandersetzung mit den unreflektierten Vorannahmen supervisorischer Tätigkeit

→ Wahrnehmen von Auswirkungen von Vorannahmen

Impuls: Bei der Beobachtung und Untersuchung von supervisorischer Tätigkeit werden Prämissen deutlich, die gewöhnlich unreflektiert bleiben.

Arbeitsauftrag 1:

Welche nachteiligen Auswirkungen könnten die genannten Prämissen auf Deine Arbeit haben?

Prämissen:

➢ Probleme werden durch die Unfähigkeit, Gefühle auszudrücken, verursacht.
➢ Probleme bei Mitarbeitern sind durch einen Konflikt auf der höheren hierarchischen Ebene (Vorgesetztenebene) verursacht.
➢ Wenn ein Team nicht aktiv an der Supervision mitmacht, ist dies als Widerstand zu verstehen.
➢ Dieses Team ist ein typisch hysterisch agierendes Theaterensemble.
➢ Du kannst mit der mißbrauchten Klientin nicht arbeiten, weil Du wahrscheinlich selbst mißbraucht worden bist, und Dir dies nicht bewußt ist.
➢ Erst wenn Du Deine Traumata durchgearbeitet und integriert hast, kannst Du ähnliche bei Deinen Klienten bearbeiten.
➢ Schlechte Vorgesetzte (Eltern) verursachen die Probleme der Mitarbeiter. (Kinder)
➢ Es gibt keine objektive Realität von sozialen Systemen.
➢ Es gibt eine intersubjektiv übereinstimmende (Konsensrealität) und beobachtbare Realität von sozialen Systemen.

Vertiefungsauftrag 1:

Diskutiere Deine Ergebnisse in der Kleingruppe. Erarbeitet gemeinsam weitere nicht hinterfragte Vorannahmen von Supervisionskonzepten.

34

3.3. Grundfragen der Supervision

Ziele: → Sensibilisierung für ethische Grundfragen

Impuls: Supervisorische Tätigkeit fordert eine ständige Überprüfung der ethischen Prinzipien und Haltungen heraus, um nicht mißbräuchlicher Anwendung von Supervision Vorschub zu leisten. Die Transparenz des Menschenbildes und der Arbeitsethik erscheinen uns eine wichtige Basis jeglicher supervisorischer Tätigkeit.

Arbeitsauftrag 1:

1. Lest die drei kurzen Fallbeschreibungen.

2. Diskutiert in der Kleingruppe die möglichen Auswirkungen, wenn Du diese Aufträge annimmst oder ablehnst.

Fall 1:
Der Leiter einer Ausbildungsabteilung einer Versicherungsgesellschaft, mit dessen Team Du Supervision machst, weiht Dich ein, daß es in absehbarer Zeit Kündigungen geben wird, da die Konflikte im Team zunehmen. Aus anderen Kanälen erfährst Du, daß durch eine bevorstehende Fusionierung mit einer anderen Versicherungsgesellschaft drastische Rationalisierungsmaßnahmen anstehen.

Fall 2:
Du erhältst den Auftrag, mit der leitenden Managementgruppe einer Straßenbaufirma eine Supervision durchzuführen. Anlaß sind Auseinandersetzungen mit dem Leiter. Die Mitarbeiter kritisieren sein radikales Vorgehen gegenüber einer Bürgerinitiative, die die Baumaßnahmen behindert und die den mit Pönale belegten Bauzeitplan zu sprengen drohen.

Fall 3:
Nachdem im vergangenen Jahr fünf der vierzehn Mitarbeiterinnen gekündigt haben, sieht sich die Heimleitung veranlaßt, Supervision in Anspruch zu nehmen, um eine weitere Fluktuation des Mitarbeiterinnenteams zu stoppen. Von den Teilnehmerinnen der Supervision erfährst Du, daß sie sich überfordert, unterbezahlt, für diese Tätigkeit nicht ausreichend ausgebildet und von der Leitung des Hauses ständig unter Druck gesetzt fühlen.

3.4. Einstellung zu Übergriffen

Ziele: → Reflektieren und Erkennen der eigenen Position bezüglich Übergriffen

→ Sensibilisieren für Formen des Umganges in der Supervision mit therapeutischen Übergriffen

Impuls: „Von 138 Verhaltenstherapeuten, die in einer Studie der Hamburger Forscherinnen Eva Arnold und Anita Reinisch befragt wurden, waren mehr als die Hälfte der Meinung, man dürfe der Patientin sagen, sie sei sexuell attraktiv. Ein Viertel fand, der Therapeut dürfe der Klientin ruhig mitteilen, daß er sie begehre. Rund 10 Prozent halten sexuelle Kontakte für erlaubt."

Arbeitsauftrag 1:

Verteilt die Rollen von SV und SD und spielt eine Supervisionssitzung in mehreren Varianten. Reflektiert anschließend eure Erfahrungen.

a. Angenomen, Du bist SV einer SD, die ihrem Klienten mitteilt, er wäre sexuell attraktiv.

b. Angenommen, Du bist SV eines SD, der seiner Klientin mitteilt, daß er sie begehre.

c. Angenommen, Du bist SV eines SD, der einen sexuellen Kontakt mit seiner Patientin für legitim hält - etwa mit der Meinung „Therapie ist Energie der Liebe".

Vertiefungsauftrag 1:

Nimm Stellung zu folgenden Aussagen:

a) Wenn SD bereut, werde ich ihm helfen, die Angelegenheit in Ordnung zu bringen.

b) Ich werde ein Gespräch zu dritt vorschlagen und überprüfen, ob die Klientin eine Folgetherapie braucht, welche der SD bezahlt.

c) Bei einem Wiederholungstäter breche ich die Supervision ab und erstatte Anzeige.

d) Ich sage einem Wiederholungstäter, daß er seine Sucht behandeln lassen muß.

Vertiefungsauftrag 2:

Spielt folgenden Fall in zwei Varianten und diskutiert die Auswirkungen für supervisorisches Handeln.

Variante 1:
Der SD schildert Dir vertraulich, daß er sich mit einer Klientin in einer schwierigen Zwickmühle befindet.

Eine Klientin habe sich in ihn verliebt. Irgendwie war ihm klar, daß das mit einer Vater- oder Mutterübertragung zu tun haben könnte, aber daß er sich, ehrlich gesagt, ebenfalls irgendwie verliebt hat und sie sehr erotisch findet. Einerseits wünscht er sich, daß sich Liebe und Heilung vereinbaren lassen könnten, andererseits ist er sich nicht sicher, ob er die Abstinenz noch durchhalten kann.

Variante 2:
Die Supervisandin schildert Dir vertraulich, daß sie sich mit einem Klienten in einer schwierigen Zwickmühle befindet.
Ein Klient habe sich in sie verliebt. Irgendwie war ihr klar, daß das mit einer Vater- oder Mutterübertragung zu tun haben könnte, aber daß sie sich, ehrlich gesagt, ebenfalls irgendwie verliebt hat und ihn sehr erotisch findet. Einerseits wünscht sie sich, daß sich Liebe und Heilung vereinbaren könnten, andererseits ist sie sich nicht sicher, ob sie die Abstinenz noch durchhalten kann.

3.5. Mystische Erfahrungen

Ziele: → Auseinandersetzung mit Grenzsituationen und spirituellen Fragen

→ Unterscheidung von pathologischen und spirituellen Phänomenen

Impuls: In einer Untersuchung mit 285 amerikanischen Psychotherapeut-Innen (Aus: Allman; de la Rocha; Elkins; Weathers; „Psychotherapists and Mystical Experiences" 1992.) konnte festgestellt werden, daß 4,5 Prozent ihrer Klientinnen von mystischen Erfahrungen berichten. Diese wurden von den Psychotherapeuten nicht als pathologisch bewertet. 50 % der TherapeutInnen berichteten darüber, in bestimmten Lebensphasen selbst mystische Erfahrungen gemacht zu haben.

Arbeitsauftrag 1:

1. Nimm Stellung zu folgendem Fall:

Ein SD berichtet, daß seine Klientin plötzlich Lichterscheinungen hat, die in der Nachphase von einer inneren Stimme begleitet sind, die in einer ruhigen und angenehmen Art bevorstehende Ereignisse kommentiert, von denen manche auch eingetreten sein sollen. Der SD trägt Dir als SV diesen Fall zur Supervision vor.

2. Welche Bedeutung haben derartige Phänomene in Deinem Weltbild? Wie würdest Du als SV damit umgehen?

3.6. Geschlechtsspezifische Perspektiven

Ziele: → Sensibilisierung für Unterschiede zwischen geschlechtsspezifischen Denk-, Sicht- und Arbeitsweisen

Impuls: In den letzten Jahren wurde der „Gender-Problematik" in Therapie, Beratung und Supervision zunehmend Bedeutung geschenkt. Geschlechtsspezifische Strukturen in Sprache, Denken, Handeln und Fühlen wurden aufgezeigt. So wollen manche Teams z. B. einen Mann oder eine Frau als SV.

Kreuze an und nimm begründet Stellung:

Männliche und weibliche SV unterscheiden sich in Ihrer Bewertung und Art der Beziehungsgestaltung.

stimmt total ☐ ☐ ☐ ☐ ☐ ☐ stimmt nicht

Bei den Anfragen zu Supervision spielt das Geschlecht eine entscheidende Rolle bei der Auswahl.

stimmt total ☐ ☐ ☐ ☐ ☐ ☐ stimmt nicht

Frauen als SV sind einfühlender, während Männer als SV strukturierter sind.

stimmt total ☐ ☐ ☐ ☐ ☐ ☐ stimmt nicht

Frauen als SV stellen mehr die Beziehung in den Vordergrund, Männer mehr Inhalte und die Lösung von Problemen.

stimmt total ☐ ☐ ☐ ☐ ☐ ☐ stimmt nicht

Männliche SV definieren sich mehr über Abgrenzung und Hierarchisierung, weibliche über stärkere Einbeziehung von Nähe und intimer Vertrautheit.

stimmt total ☐ ☐ ☐ ☐ ☐ ☐ stimmt nicht

Für Frauen als SD ist es oft wichtig, ihre Gefühle von Wut, Zorn, Protest und Ablehnung äußern zu können, für Männer die Entwicklung ihrer weichen Seiten; Zulassen von Nähe und Schwächen wesentlich.

stimmt total ☐ ☐ ☐ ☐ ☐ ☐ stimmt nicht

Ein Thema wie Schuldgefühle, nicht gut genug zu sein, können nur weibliche SV wirklich verstehen.

stimmt total ☐ ☐ ☐ ☐ ☐ ☐ stimmt nicht

Konflikte tauchen in Frauengruppen oft erst viel später und verdeckter auf als in Männergruppen.

stimmt total ☐ ☐ ☐ ☐ ☐ ☐ stimmt nicht

Das Thema „Konkurrenz" und eigener Machtanspruch ist in Frauengruppen besonders stark tabuisiert.

stimmt total ☐ ☐ ☐ ☐ ☐ ☐ stimmt nicht

Nur eine weibliche SV kann Frauen darin stützen, ihren eigenen Wahrnehmungen, Denkstilen und Urteilen zu vertrauen.

stimmt total ☐ ☐ ☐ ☐ ☐ ☐ stimmt nicht

Vertiefungsauftrag 1:

Finde weitere charakteristische Unterschiede und nimm dazu Stellung.

Vertiefungsauftrag 2:

Simuliert die Teams 1 und 2, die auf den folgenden Seiten beschrieben sind, und reflektiert den Supervisionsprozeß unter Berücksichtigung der Rückmeldungen der Beobachtenden.

Anweisung zur Durchführung der Simulation 1:

Teilt folgende Rollen auf: 6 MitarbeiterInnen, 1 Leiter, 1 SV und Beobachter des Prozesses. Je nach Prozeßverlauf kann die Spielzeit 20–30 Minuten betragen.
Die BeobachterInnen beobachten Regeln, sich wiederholende Muster der Interaktion und den Einfluß der Geschlechterrollen auf die Interaktion.

Informationen zu den Rahmenbedingungen des Teams:

Das Team hatte bisher nur männliche SV und besteht seit 7 Jahren.
Da im Zuge der Reintegration von ehemaligen Häftlingen Partnerprobleme immer wieder in den Vordergrund rückten, entschloß sich das Team zu einer weiblichen SV, um der weiblichen Perspektive in der Arbeit mehr Raum zu verschaffen.
Weiters stellte ein Teil der Bewährungshelfer eine Verrohung und Abstumpfung ihres Gefühlsbereiches fest, so daß sie sich durch die Einladung einer weiblichen SV einer Bearbeitung auch dieser Problematik erhoffen.
Die Gruppe hat einen gewählten Leiter für jeweils 2 Jahre, dessen Position aber von anderen Teilnehmern immer wieder in Frage gestellt wird, da er sich gegenüber der Finanzierungsstelle bezüglich einer Erweiterung des Personalstandes bisher nicht durchsetzen konnte.
Die Teilnehmer der Gruppe sind zum größten Teil erschöpft und ausgelaugt. Ein Supervisionskontrakt ist geklärt (monatlich 2 Stunden), die inhaltliche Arbeit mit dem Team beginnt in dieser Sitzung.

Anweisung zur Durchführung der Simulation 2:

Teilt folgende Rollen auf: 7 MitarbeiterInnen, 1 männlicher SV, Beobachter des Prozesses. Je nach Vergnügen und Prozeßverlauf kann die Spielzeit 20 – 30 Minuten betragen.
Die BeobachterInnen beobachten Regeln, sich wiederholende Muster der Interaktion und den Einfluß der Geschlechterrollen auf die Interaktion.

Informationen zu den Rahmenbedingungen des Teams:

Es handelt sich um ein Team von BeraterInnen für Frauen in Schwierigkeiten, insbesondere um Abtreibung.

Im Team war ein Konflikt, ob eine freie Stelle mit einem Mann oder einer Frau besetzt werden sollte. Alle Teammitglieder waren bisher immer Frauen, die progressiv bis feministisch eingestellt sind. Die Gruppe, die den Mann favorisierte, unterlag bei der entscheidenden Abstimmung. Als kurz darauf die Wahl einer neuen SV anstand, weil der Kontrakt mit der alten ablief, bekam die unterlegene Gruppe das Zugeständnis, einen männlichen Supervisior zu wählen, womit die eher feministisch eingestellten Beraterinnen nur zähneknirschend einverstanden waren. Die Gruppe hat keine offizielle Leiterin, sondern eine im Rotationsprinzip gewählte Vertreterin, die gegenüber der Finanzierungsstelle im Land und gegenüber der politischen Vertreterin und Förderin verhandelt. Eine Vertreterin der Gruppe, die einen Mann als SV will, hat den Kontakt mit dem SV aufgenommen. Dies ist das erste Gespräch mit dem Team.

4. MÖGLICHKEITEN FALLORIENTIERTER SUPERVISION

Die heute so vielfältigen Formen von Supervision sind das Ergebnis einer langen Entwicklungsgeschichte, die in der Sozialarbeit ihren Anfang nahm. Auch die psychoanalytische Tradition der Kontrollanalyse des angehenden Therapeuten, die Expansion der Gruppendynamik, die Balintbewegung und emanzipatorische Bestrebungen der 70er Jahre („Marsch durch die Institutionen") waren wichtige Meilensteine zum heutigen „Supervisionspluralismus".

Fallorientierte Supervision ist innerhalb dieses vielfältigen Angebotes, „Arbeit im Hinblick auf optimalere Bedingungen zu reflektieren", ein wesentlicher Bereich, dem wir in unserem Buch gerade auch deshalb vermehrtes Augenmerk schenken, weil derzeit Supervision immer stärker von Organisationsberatung assimiliert wird, was die Gefahr eines neuen Reduktionismus mit sich bringen könnte, ebenso wie der gruppendynamische und therapeutische Reduktionismus.

Bei fallorientierter Supervision geht es nach unserem Verständnis darum, einerseits die Perspektiven des SD zu erweitern und einen kreativen „Ent-Wicklungs-Raum" der Ressourcen und Bewußtheit zu ermöglichen, andererseit darum, kontextsensible Angebote derart zu gestalten, daß der SD die oft konfusionsfördernde Komplexität seiner Arbeit so strukturieren kann, daß seine autonome Handlungs- und Entscheidungsfähigkeit wieder möglich ist. Dazu bieten wir eine Reihe sowohl einzel-, partner- und gruppenorientierter Fallbesprechungsmöglichkeiten an.

Die entscheidende Frage ist: Welches Angebot bringt im Moment für den SD den Unterschied, der in Bezug auf seine weitere Arbeit wirklich den Unterschied macht?
Eine Geschichte von Bert Hellinger möge abschließend unseren Standpunkt metaphorisch verdeutlichen:

Ein Schüler fährt mit einem Fahrrad, dessen Schutzblech klappert. Hinter ihm fährt ein junger Lehrer, der ihm nachruft: „Hallo, dein Schutzblech klappert!". Der vordere dreht sich um und fragt: „Was?". Der Lehrer ruft nochmals: „Dein Schutzblech klappert!". Der Schüler dreht sich um und ruft zurück: „Ich kann dich nicht verstehen. Mein Schutzblech klappert!" Der Lehrer denkt sich, daß hier irgendetwas schief gelaufen sei. So tritt er auf die Bremse und kehrt um. Ein wenig später trifft er einen alten erfahrenen Lehrer und fragt ihn: „Wie machst du das, wenn du anderen hilfst? Oft kommen zu dir die Leute und fragen dich um Rat in Dingen von denen du nur wenig weißt, doch nachher geht es ihnen besser. Der Lehrer antwortet: „Nicht am Wissen liegt es, wenn einer auf dem Wege stehen bleibt und nicht mehr weiter will oder kann. Denn er sucht Sicherheit, wo Mut verlangt ist und Freiheit, wo das Richtige ihm keine Wahl mehr läßt."   B. H.

4.1. Vorbereitung einer Fallsupervision

Ziele: → Möglichkeiten der Vorbereitung und Visualisierung einer Fallsupervision kennenlernen und anwenden.

Impuls: Die gezielte und strukturierte Vorbereitung einer Fallsupervision erspart viel Zeit und ermöglicht gerade in kollegialer Supervision (Intervision) einen produktiv-distanzierten und kreativen Verlauf der Fallbesprechung. Bereits Einstein hat in seinem berühmten Zitat auf die Rolle der Visualisierung für die Erfassung komplexer Systeme hingewiesen:

„Die Worte oder die Sprache, wie sie geschrieben oder gesprochen werden, scheinen keine Rolle zu spielen in dem Mechanismus meiner Gedanken. Die physikalischen Einheiten, die als gedankliche Elemente zu dienen scheinen, sind bestimmte Zeichen und mehr oder minder klare Bilder, die beliebig produziert und kombiniert werden können. Diese Elemente sind in meinem Fall visuell und plastisch. Konventionelle Worte müssen mühsam gesucht werden".

Arbeitsauftrag 1:

Fasse die wichtigsten Informationen zu den folgenden Bedingungen und Merkmalen eines Falles zusammen und bringe sie in eine präsentierbare Form. (z. B. Plakat) Dazu gehören:

1. Arbeits- bzw. Beziehungskontext der Kunden (Klienten) Vgl. die nächsten Seiten.

2. Merkmale des Klientels: Alter, Geschlecht, Beruf ... usw.

3. Anzahl der bisherigen Sitzungen

4. Arbeitsziele und Kontrakte

5. Bei längerer Arbeit mit dem Klienten: Skaliere für die einzelnen Sitzungen Dein subjektives Erleben der Sitzungseffizienz.

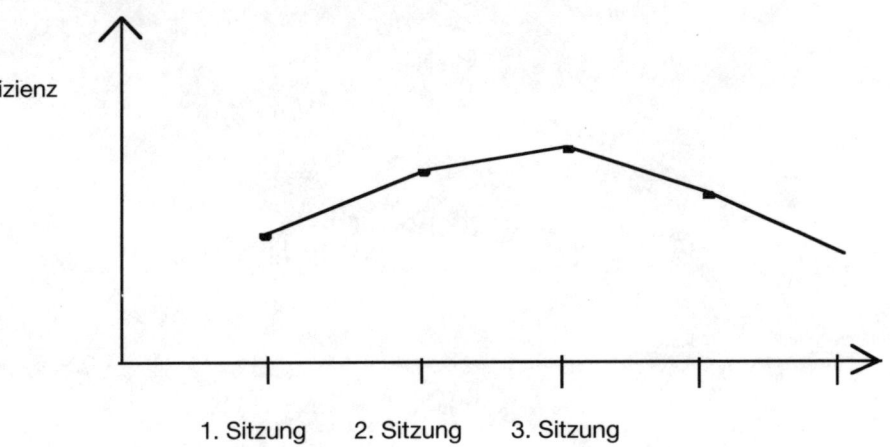

Effizienz

1. Sitzung   2. Sitzung   3. Sitzung

6. Skizziere das System mit Hilfe der Strukturdiagnostik nach Minucchin. (Kapitel 6.6. Vertiefungstext, Seite 129)

7. Dein Ziel der Fallsupervision

ENDLICH IST ES SOWEIT – DER SUPERVISOR IST VERSTRICKT
UND HAT SEINEN FESTEN PLATZ IM SYSTEM.

4.2. Netzwerke

Ziele: → Erlernen der Darstellung vernetzter und komplexer Systeme

→ Anwendung und wichtige Fragen zur Bearbeitung vernetzter Problemsysteme im Sozialbereich

Impuls: Supervision unterliegt der Gefahr, außerordentlich komplexe Zusammenhänge auf zwischenmenschliche Kommunikation und Interaktion zu reduzieren. Die Visualisierung des Klientensystem in seinen Vernetzungen kann helfen, die vielfältigen Verbindungen sichtbar und bedeutende Einflüsse prägnant werden zu lassen.

Arbeitsauftrag 1:

Erstelle eine Graphik, aus der die Vernetzung dieses Falles deutlich wird und vergleiche mit der Darstellung im Vertiefungstext Kapitel 6.6. Netzwerke Seite 129

Fallbeschreibung:

Die SD, eine Mitarbeiterin der Familienberatungsstelle schildert die zunehmende Schwierigkeit, mit dem Klientensystem (in diesem Fall eine Familie) in Kontakt zu bleiben.
Die Familie versäumt Termine, sagt Treffen kurzfristig ab, oder zeigt sich bei Sitzungsbeginn verwundert über getroffene Vereinbarungen und Aufträge.
Sie schildert den Fall wie folgt:
Die Pflegefamilie beherbergt seit 2 Jahren Peter, einen 12jährigen Jungen, der durch das Jugendamt aus seiner Herkunftsfamilie genommen wurde. Der Junge hat einmal vierteljährlich Kontakt mit seinen Eltern. Nachdem Peter in der Hauptschule durch Stehlen und Schlagen auf sich aufmerksam machte, wurde er von seiner Pflegemutter der Erziehungsberatungsstelle vorgestellt, in der die SD tätig ist. Die Selbsthilfegruppe der Pflegeeltern hat eine Überweisung in die Sonderschule vorgeschlagen, die sich umfassender um Peters Probleme kümmern könnte. Die Pflegeeltern haben ihrerseits Kontakt mit dem Direktor der Sonderschule aufgenommen, um sich über Förderungsmöglichkeiten vor einer Umschulung in die Sonderschule zu erkundigen. Man empfahl ihnen die Erziehungsberatungsstelle. Zur Überraschung erfahren sie vom Direktor der Sonderschule, daß die Hauptschule bereits um eine Abklärung der Verhaltensauffälligkeit von Peter angesucht hat.

Vertiefungsauftrag 1:

Bearbeite einen komplexen Fall aus Deiner Praxis mit Hilfe der folgenden Fragen:

Fragen zum Helfersystem:
- ➢ Welche Helfersysteme sind am Problemsystem beteiligt?
- ➢ Seit wann?
- ➢ Wie oft dzt. noch?
- ➢ Welches Beziehungsangebot erwartet das Klientensystem von einem Berater? (Neutralität, Komplementarität, Symmetrie, Unterhändler, Fürsprecher, Berater, Partnerschaft)
- ➢ Wie sehen die Grenzen zwischen den Helfersystemen und dem Klientensystem aus? (starr – diffus – klar)
- ➢ Welche Mythen und Überzeugungen gibt es von Seiten der Helfersysteme über das Klientensystem und umgekehrt, und welchen Ursprung haben diese Mythen?
- ➢ Wie ist der Informationsfluß, wer redet mit wem worüber (nicht)?

Fragen zur Problemdefinition und zu Aufträgen der wichtigsten Systeme:
- ➢ Systemimmanente (politische) Ideologien, Ziele und Aufträge. Verdeckte Absichten und Widersprüche darin.
- ➢ Politische Änderungen in den Makrosystemen (Helferfluktuation, Richtlinien- bzw. Leiterwechsel) und ihre Wirkung auf das Klientensystem.
- ➢ Besteht ausreichend Information darüber?
  Besteht ausreichend Information über die gesetzlichen Rechte und Vorschriften?

Fragen zu alten und gegenwärtigen Lösungsversuchen bzw. Strategien und deren Ausgang (von Seiten der Helfersysteme und des Klientensystems):
- ➢ Welche Muster und Kreisläufe entstehen, wenn die Lösungsversuche interagieren?
- ➢ Was würde passieren, wenn die Hilfe stoppen würde?
- ➢ Was würde passieren, wenn die Hilfe erfolgreich wäre?
- ➢ Was bewirkt der Wegfall des Symptoms bei den verschiedenen Helfersystemen?
- ➢ Was hat bisher am meisten geholfen, was oder wer am wenigsten?
- ➢ Wie sehen die Erfolgsvoraussagen des Klientensystems aus, wie die der Helfer?
- ➢ Natürliche Helfer (Großmutter usw.)

Fragen zum Zielrahmen und seinen Konsequenzen für die größeren Außen-Systeme:

➤ Erarbeitung einer Zielvision des Klientensystems.
➤ Auswirkungen auf die Helfer?
➤ Welche Reaktionen der Helfer(systeme) sind zu erwarten?

4.3. Fragenmodell zur Kurzsupervision eines Falles

Ziele: → Erlernen einer strukturierten und gezielten Orientierung für lösungs-orientiertes Supervidieren von Fällen

Impuls: SD verführen manchmal durch langatmige Beschreibungen ihres Falles zu einer problemorientierten Tunnelperspektive. Das Frage-modell hilft, die wahrnehmungs- und gefühlsmäßige Involviertheit zu unterbrechen und lösungsorientierte Perspektiven zu öffnen. Dieses Vorgehen erübrigt jedoch nicht eine gezielte Untersuchung der Gegenübertragungsdynamik.

Arbeitsauftrag 1:

Interviewt euch mit Hilfe der folgenden Fragen zu einem ausgewählten Fall:

1. Wie belastend, konfus, unverständlich ... ist das Problem für Dich auf einer Skala von 0 bis 100?
2. Was ist Dein Ziel für die Supervision des Falles und woran würdest Du merken, daß Du es erreicht hast?
3. Angenommen, die Situation mit dem Klienten würde so bleiben – Wer hätte welche Vorteile, und welche Auswirkungen hätte es?
4. Gibt es etwas, was zwischen Dir und X läuft, was Du aus anderen Bezie-hungen, Begegnungen her kennst?
5. Wann und unter welchen Bedingungen tritt das Problem nicht (kaum, in geringem Ausmaß ...) auf? Wann kannst Du effektiv mit X umgehen?
6. Angenommen Deine supervisorischen Vorbilder oder eines davon würde mit X arbeiten, was würden sie anders machen?
7. Welche zusätzlichen Ressourcen und Informationen hast Du jetzt gewon-nen, und wie könnten sie sich auswirken?
8. Wie schätzt Du jetzt das Problem auf der Skala von 0 bis 100 ein?

Hinweis: Vergleiche Vertiefungstext Kapitel 6.8. Metastruktur systemischer Supervision, Seite 132

4.4. Spielerische Möglichkeiten der Fallsupervision

Ziele: → Einnehmen von archaischen Beraterrollen als spielerische Distanzierungsmöglichkeit von den Trancewirkungen der Problemschilderungen des SD.

→ Erlernen von Rollenflexibilität und Vertrauen in eigene intuitive Prozesse

Impuls: Seit jeher wurde in allen Kulturbereichen der Welt auf den Rat der Weisen und Narren gehört. Beide Rollen ermöglichen eine Distanzierung bzw. Dissoziation von den involvierenden und zum Teil hypnotischen Sprachmustern der Problemschilderungen der „Klagenden".

Arbeitsauftrag 1: Der Supervisor als Weiser

Die folgende Übung wird in Partnerarbeit durchgeführt. Entscheidet, wer von euch die Rolle des Weisen und die des SD übernimmt. Arbeitet nach folgenden Schritten:

a. Höre Dir die Schilderung des Problems nur kurz an (maximal 3 Minuten).

b. Ziehe Dich an einen angenehmen Platz zurück, sitze eine Weile still da.

c. Notiere alle Eindrücke, Assoziationen, Empfindungen usw., die aus dieser Begegnung in Dir nachwirken.

d. Wähle intuitiv drei Begriffe aus, von denen Du glaubst, daß sie den Supervisanden berühren.

e. Lade den Supervisanden ein, mit diesen Begriffen einen Satz zu bilden, der ihm bei dem Fall weiterhelfen könnte.

f. Tauscht Euch über diese Erfahrung aus.

Arbeitsauftrag 2:   Der Supervisor als Narr

Die folgende Übung wird in Partnerarbeit durchgeführt und ihr entscheidet, wer die Rolle des Narren und die des Supervisanden übernimmt. Arbeitet nach folgenden Schritten:

a. Höre Dir die Schilderung des Problems an.

b. Versuche den Kern des Problems beim Supervisanden körperlich nachzuvollziehen.

c. Stelle diese Empfindung bzw. Wahrnehmung drastisch übertrieben in einem Körperausdruck, Tanz, dem Supervisanden dar.

d. Lade den Supervisanden ein, diesen Ausdruck nachzuvollziehen und nach einiger Zeit die darin enthaltende Qualität darzustellen.

e. Tauscht Euch über Eure Erfahrungen und die Auswirkungen auf den Fall aus.

Hinweis: Vergleiche Vertiefungstext Kapitel 6.9. Assoziation – Dissoziation, Seite 133

4.5. Fallbesprechungsmodelle in der Gruppe

Ziele: → Methoden kennenlernen und ausprobieren

→ Fälle in Gruppen zielführend besprechen

→ Wahrnehmen von Perspektivenvielfalt und Distanzierungsmöglichkeiten mit Hilfe von Metapositionen erkunden

→ Erleben synergiefördernder Teamprozesse für den Problemlösungsprozeß

Impuls: Fallsupervision in Gruppen ist geeignet, um die unterschiedlichen Erfahrungshintergründe und Ressourcen der Mitglieder gezielt für den Supervisionsprozeß zu nutzen. In verschiedenen Kulturen wie z. B. bei den Cheerokee-Indianern wurden die Potentiale der Gemeinschaft genutzt, um in ritueller und strukturierter Form anstehende Probleme zu lösen. Verschiedene archaische Grundqualitäten (z. B. die weisen alten Frauen, der Narr, die Hüter der Gerechtigkeit usw.) wurden an verschiedene Vertreter in klaren Rollenzuweisungen delegiert, um eine ressourcenorientierte und respektvolle ganzheitliche Lösungsperspektive gemeinschaftlich zu erarbeiten. Im folgenden findest Du verschiedene Fallbesprechungsmodelle, die am besten mit konkreten Fällen ausprobiert werden können, und die sich besonders für kollegiale Supervisionsgruppen (Intervision) eignen.

Arbeitsauftrag 1: Zwei Teams sehen besser als eines

Verteilt folgende Rollen: (2 Teams, SD und Moderator) und arbeitet nach den vorgegebenen Schritten. Die Moderatorin hat die Aufgabe, den Ablauf und die Organisation der Durchführung zu begleiten.

1. SD schildert das Problem, seine Fragen und Ziele zum Fall.

2. Zwei Teams hören zu.

3. Jedes Team zieht sich ca. 10 Minuten zur Beratung zurück, formuliert Fragen und sammelt Assoziationen (auch in Metaphern).

53

4. Ein Mitglied von Team A stellt Fragen und teilt Metaphern und Assoziationen mit. Ein Mitglied von Team B artikuliert, was gleich ist wie bei Team A und benennt Unterschiede.

5. SD teilt mit, was ihm interessant und weiterführend bzw. hilfreich erscheint.

6. Team A und Team B ziehen sich zurück und formulieren Lösungsphantasien und Ressourcen.

7. Jeweils ein Mitglied von Team A und Team B teilen Ergebnisse (auch visualisiert) mit.

8. SD gibt Rückmeldung und der Moderator achtet, daß sich keine ausufernden Diskussionen entzünden.

9. Alle Teilnehmer reflektieren auf der Metaebene, wie sie dieses Fallbesprechungsmodell erlebten.

Arbeitsauftrag 2: Das reflektierende und das Meta-Team*

Verteilt folgende Rollen: (1 Moderator, 2 Kleingruppen, 1 SD mit einem Fall) und arbeitet nach den vorgegebenen Schritten. Die Moderatorin hat die Aufgabe, den Ablauf und die Organisation der Durchführung zu begleiten.

1. SD schildert das Problem und seine Fragen und Ziele zum Fall. (Beachtet die Möglichkeiten der gezielten visualisierten Vorbereitung der Fallbesprechung)

2. Team A und Team B hören der Darstellung zu.

3. Die Teams ziehen sich zur Beratung zurück.

   Team A formuliert gezielte Fragen, um ein strukturiertes Interview vorzubereiten, das ein Repräsentant durchführt.
   Team B formuliert Assoziationen und Metaphern, wie es die Problemdarstellung erlebt.

---

* Statt des Meta-Teams kann auch ein „Kreativ-Team" gebildet werden, das auf intuitiv-metaphorischer und assoziativer Ebene den SD eine Geschichte, Metapher, ein Bild oder eine Skulptur zu seinem Verhalten rückmeldet.

4. Der Repräsentant von Team A führt das Interview durch, während Team B den Beratungsprozeß und die Fokussierung der Fragen beobachtet.

5. Beide Teams ziehen sich zu einer weiteren Beratung zurück:
Team A formuliert Ressourcen- und Lösungsphantasien; Team B sammelt mögliche vernachläßigte Aspekte des Interviews und formuliert aus den Erfahrungen der beiden Phasen einen Abschlußkommentar, der Ressourcen und Lösungen und der nach Möglichkeit auch metaphorische Elemente enthält.

6. Die Teams teilen ihre Ergebnisse mit.

7. Der SD gibt Rückmeldung.

8. Alle TeilnehmerInnen reflektieren auf der Meta-Ebene, wie sie dieses Fallbesprechungsmodell erleben.

Hinweis: Vergleiche Vertiefungstext Kapitel 6.10. Reflektierende Team; Seite 134

Arbeitsauftrag 3: Fokussierendes Reflecting – Das Ressourcenrad

Verteilt folgende Rollen: 1 ModeratorIn, 1 SD, mehrere Vertreter in der Rolle der Narren, der Weisen, der Gerechtigkeitshüter und Ermutigungsgeister und arbeitet nach den vorgegebenen Schritten. Die Moderatorin hat die Aufgabe, den Ablauf und die Organisation der Durchführung zu begleiten.

1. Die Vertreter der vier Gruppen machen sich mit den folgenden Perspektiven vertraut:

Die Gruppe der Narren hat die Aufgabe, die Probleme aus einer provokanten, witzigen Perspektive zu überzeichnen, um dem SD mit der Karikatur seines Problems neue Perspektiven zu ermöglichen. Sie stellen dies möglichst plastisch und spielerisch vor. Sie haben das Privileg, auch verrückte Lösungen anbieten zu können.
Die Gruppe der Weisen hat die Aufgabe, die Widersprüche, Paradoxien und Lösungsperspektiven dazu in eine Geschichte oder Metapher zu kleiden und dem SD zu erzählen. Dabei achten sie darauf, diese in einer möglichst ganzheitlichen und damit auch systemischen Betrachtungsweise zu vermitteln.

Die Hüter der Gerechtigkeit achten, ob alle Beteiligten eines Systems gewürdigt werden, warnen vor negativen Auswirkungen unreflektierter Handlungen, Wahrnehmungen und Gefahren des Machtmißbrauches. Gerechtigkeit und Parteinahme für Ausgegrenzte und Vergessene ist wesentlicher Teil ihrer hütenden Funktion. Sie stellen in erster Linie Fragen! Die guten Geister des Mutes stärken und stützen den SD und teilen die Ressourcen und zukünftigen Entwicklungsmöglichkeiten und Lösungen in einem ermutigenden Kommentar dem SD mit.

2. SD schildert sein Problem und seine Fragen und Ziele bezüglich des Falles.

3. Die Vertreter der einzelnen Perspektiven ziehen sich zur Beratung zurück.

4. Sie präsentieren ihre Mitteilungen.

5. Der SD bedankt sich und integriert die Anregungen auf einem Spaziergang in der Natur.

6. Die Mitglieder der Perspektiven reflektieren den Prozeß in Bezug auf die Effizienz der Perspektiven und die Balance des gesamten Prozesses bezüglich der Polaritäten, Konfrontationen und Stützung, des Ernstes und Witzes, des Emotionalen und Rationalen.

Ressourcenrad - Reflecting

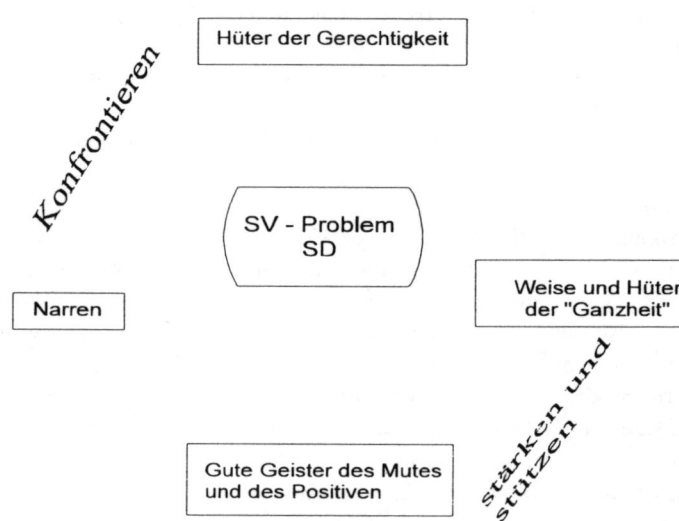

Arbeitsauftrag 4: Die vier Brillen

Verteilt folgende Rollen: 1 SD, 4 Gruppen für die Rollen analytische und ganzheitliche Position, Vertreter der Stabilität und Vertreter der Veränderung und arbeitet nach den vorgegebenen Schritten.

1. Die Vertreter der vier Gruppen machen sich mit der jeweiligen Perspektive vertraut.

   Die Analytiker achten auf Prozesse der Übertragung, Gegenübertragung, Spiegelphänomene, unbewußte Identifizierung und andere undurchschaute Strukturen des Hintergrundes.

   Die ganzheitlichen „Humanisten" fokussieren auf die Ressourcen des SD und seines Klientensystems und versuchen positive Umdeutungen der Probleme.

   Die Vertreter der Stabilität kehren die Vorteile des Bestehenden heraus und warnen vor den Auswirkungen der Veränderungen der Auswirkungen, die angedeutete Initiativen des SD nach sich ziehen könnten.

   Die Vertreter der Veränderung konzentrieren sich lediglich auf Lösungsideen, Ansätze der bereits positiv eingeleiteten Prozesse und auch noch so minimale Hinweise auf Veränderung. Sie warnen auch vor den Auswirkungen einer Nicht-Veränderung.
2. Der SD schildert sein Problem, seine Fragen und Ziele zum Fall.
3. Die Vertreter der vier Gruppen ziehen sich zur Beratung zurück.
4. Sie präsentieren ihre Ergebnisse.
5. Der SD sammelt das für ihn Brauchbare und gibt darüber Rückmeldung.
6. Prozeßreflexion

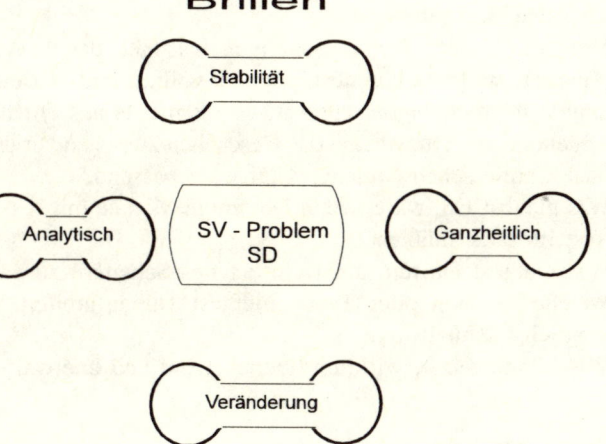

Brillen

Stabilität

Analytisch

SV - Problem SD

Ganzheitlich

Veränderung

4.6. Provokative Fallsupervision

Ziele: → Erlernen provokativer und humorvoller Konfrontation von einengenden problemreduzierenden Fallschilderungen bei gleichzeitiger Wertschätzung der Persönlichkeit des SD

→ Erweiterung des Rollenrepertoires für SV

Impuls: Provokative Supervision geht von der ermutigenden und für SD stärkenden Annahme aus, „Ich traue Dir zu, daß Du selbst die Lösung findest. Als SV irritiere ich lediglich Deine rigiden Wahrnehmungs-Denk- und Handlungsmuster". Die folgenden Übungen unterstützen die Haltung weiser Narren, wobei aber gerade deshalb die grundlegende Achtung und Wertschätzung des SD unerläßlich ist.

Arbeitsauftrag 1:

Verteilt folgende Rollen: 1 SV, 1 SD und mehrere Beobachter und arbeitet nach den vorgegebenen Schritten.

1. Der SV interviewt den SD mit Hilfe der folgenden Fragen. Die Beobachter registrieren deutlich nonverbale Reaktionen und auffällige Mitteilungen des SD.

➢ Warum gibst Du den Fall eigentlich nicht auf?
➢ Mach doch mehr von dem, was Du jetzt mit X machst. Was hätte das für Auswirkungen?
➢ Mach das Gegenteil vom Bisherigen, was hätte das für Auswirkungen?
➢ Wenn Du wirklich könntest, wie Du wolltest und es Deinem Klienten einmal deutlich sagen würdest, was käme da aus Dir heraus?
➢ Angenommen, Du würdest das Geschehen zwischen Dir und X als Spiel oder Comic sehen, welcher Titel wäre passend?
➢ Was glaubst Du, wäre, wenn Du einige Monate mit X oder in diesem System leben müßtest?
➢ Was müßtest Du tun, um Dein eigenes Scheitern zu garantieren?
➢ Welche Themen oder Tabus müßtest Du aufgreifen, sodaß Du X möglichst schnell loswirst?
➢ Was könnte für X wirklich überraschend und unerwartet wirken?

2. Nach der Kurzsupervision beantworten SV, SD und Beobachter die unten stehenden Fragen.

SD: Wie nimmst Du den Fall nach Beantwortung der 9 Fragen wahr?

SV: Wie unterscheidet sich Deine Wahrnehmung in dieser Supervision von anderen Supervisionsprozessen mit anderen Fragestrategien?

Beobachter: Wo liegen Deiner Beobachtung zufolge mögliche Ressourcen für den Umgang mit Klienten?

Arbeitsauftrag 2:

Diese Übung kann die Auflockerung von einengender Ernsthaftigkeit und Schwere erleichtern.

Verteilt folgende Rollen: 1 SV, 1 SD und mehrere Beobachter und arbeitet nach den vorgegebenen Schritten.

1. Der SD präsentiert einen zähen Fall.

2. Der SV entscheidet sich ohne Wissen des SD für eine oder mehrere Grundstrategien und wendet sie in einem Interview an.

➤ Wechsle im Beschimpfen verschiedener äußerer Feinde (Arbeitsbedingungen, Klienten, überhaupt des Lebens usw.)
➤ Statt Dich um den SD zu bemühen, laß ihn arbeiten und Dich unterhalten.
➤ Unterbrich und produziere dabei eine Menge von Bildern.
➤ Verkleinere das Problem.
➤ Finde völlig idiotische Lösungen.
➤ Sei freundlich und mache ihm klar, daß von Dir keine direkte Hilfe zu erwarten ist.
➤ Denke verrückter als der SD.

3. Rückmeldung der Beteiligten wie in der vorangegangenen Übung. (Arbeitsauftrag I).

Vertiefungsauftrag 1:

1. Die TeilnehmerInnen bilden Triaden mit den Rollen SV, SD und Beobachter.

2. Die Beobachter schreiben die verschiedenen Strategien der vorangegangenen Übungen auf einzelne Kärtchen und verleihen dem SV kurz vor Beginn der Supervision eine dieser Karten, auf der eine Strategie steht, von der er glaubt, daß sie für den SV die größte Herausforderung darstellt.

3. Der SV führt die Supervision mit den verliehenen Aufträgen durch.

4. Rückmeldung der Beteiligten wie in den vorangegangenen Übungen.

Hinweis: Vergleiche Vertiefungstext 6.11. Ideen provokativer Supervision, Seite 136

BERATUNG AUS DER „META"-PERSPEKTIVE

4.7. Meta-Modell der Supervision

Ziele: → Sensibilisierung für unterschiedliche Aufmerksamkeitsfokussierung in Supervisionsprozessen

→ Erkennen von Fallbeschreibungen als Problemtranceinduktion

→ Erkennen von Sprachmustern zur Auflösung (Re- und Dekonstruktion) der suggestiven Angebote in Richtung unterschiedlicher Perspektiven, die einen informativen Unterschied machen.

Impuls: In dem hier dargestellten Modell (vgl. graphische Darstellung Seite 47) werden Wege aufgezeigt, um Supervision aus der Problemhypnose zur Lösungstrance (vgl. Gunther Schmidt 1989) zu begleiten.

Arbeitsauftrag 1:

1. Lies möglichst aufmerksam den Fallbericht eines Supervisanden.

„Ich bin mit einer Familie in einer Sackgasse. Mir ist nicht ganz *bewußt,* was da *unbewußt* oder vielleicht auch *halbbwußt* zwischen mir und der Familie abläuft. Ich glaube, daß ich *unbewußt* viel mehr aufnehme und es wird mir jetzt immer mehr *bewußt,* wie stark ich mich mit denen schon *unbewußt* verstrickt habe. Die Mutter, die sehr depressiv wirkt und ständig davon redet, wie *schwer* sie mit dem Leben zurechtkommt und wie es ihr immer *schwerer* fällt, in der Früh *aufzustehen,* aber auch am Abend, wenn sie sich *ausruhen* möchte, nicht *einschlafen* kann, weil ihr alles kreuz und quer durch den Kopf geht. Der Vater ist so eher ein Beschwichtiger und etwas zwanghaft bemüht, immer das Richtige zu tun. Er würde, wenn er könnte, seiner Frau ja helfen wollen, aber sie *zieht sich zurück,* wenn er ihr helfen will. Er sagt immer: Wie kann er glücklich sein, wenn die Frau, die er liebt, unglücklich ist. Er *fühlt* sich schuldig, daß sie depressiv ist, weil er meint, daß er sie glücklich machen sollte. Aber sie *fühlt* sich auch schuldig, daß er sich wieder schuldig fühlt. So fühlt auch er sich wie *gelähmt* und das *zieht einen* so richtig hinunter, wenn die beiden da so vor einem *sitzen* und sich gegenseitig vorjammern, wie *schwer* sie es haben. Sie hat einen Sohn aus erster Ehe mitgebracht, der mit seinen 13 Jahren nicht in die Schule gehen will und sehr an ihr *hängt* und sich bei schulischen

Aufgaben *schwer* konzentrieren kann, weil er seine *ganze Aufmerksamkeit* auf Computerspiele richtet. Ich habe den Eindruck, der *hört gar nicht zu,* wenn die Eltern von ihm etwas wollen. Die Großmutter (väterlicherseits) hat irgendwie Kontakt zum Buben. Der Vater war Stiefkind und hatte zu seinem wirklichen Vater kaum Kontakt. Er mußte einfach tun, was seine Mutter, von der er sich irgendwie schon geliebt, aber auch wieder abgelehnt fühlte, und sein Stiefvater, der sehr streng zu ihm war, von ihm verlangten. Vorgestellt wurde also der Bub wegen Schulphobie, aber meiner Meinung nach gibt es ein *schweres* Paarproblem und der Bub ist da nur trianguliert. Ich weiß einfach nicht, wie das von der therapeutischen Strategie weitergehen soll. Ich möchte dem Buben, der mir irgendwie leid tut, helfen, aber ich bekomme gegenüber der Mutter irgendwie einen Gefühlsstau."

(Brandau 1993)

2. Welche Reaktionen, Assoziationen und Hilfsangebote fallen Dir spontan ein?

3. Tausche Deine Ergebnisse in einer Kleingruppe aus und analysiere den Text in Bezug auf lähmende und verwirrende Sprachmuster.

4.7. Metamodell zu Perspektiven sytemischer Fallsupervision

Meta–Modell zu Perspektiven systemischer Fallsupervision

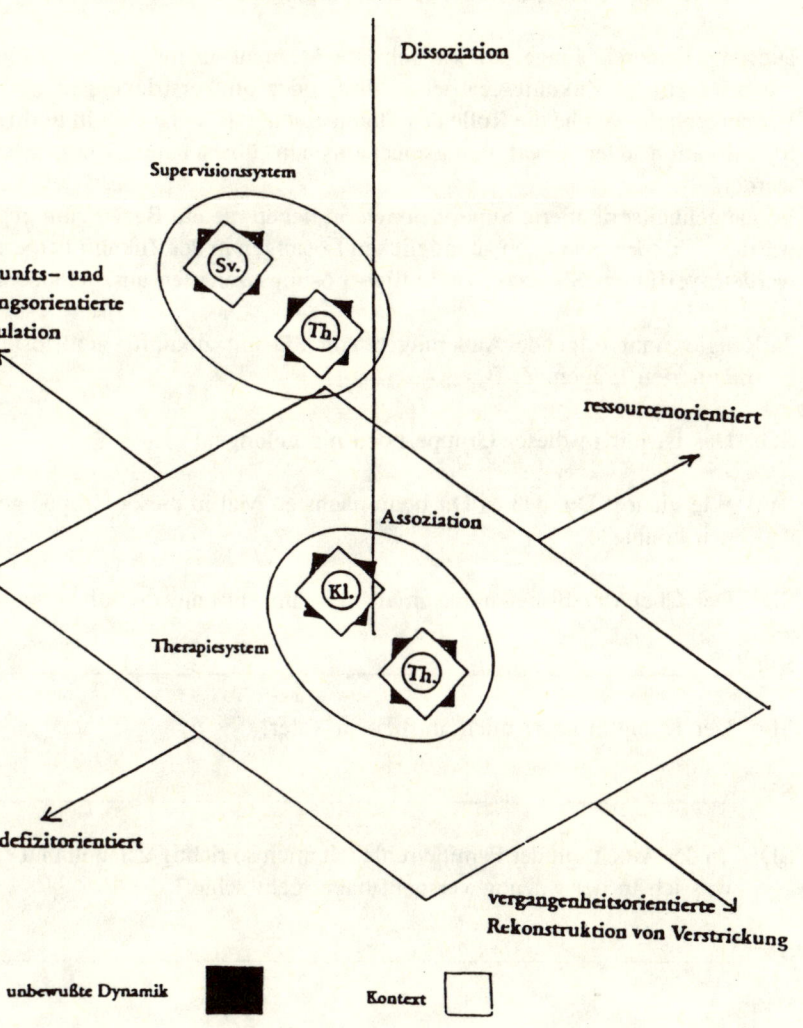

Arbeitsauftrag 2: Dimension und Elemente des Meta-Modells

In den folgenden Arbeitsschritten werden die verschiedenen Dimensionen und Elemente des Meta-Modells eingeübt.

1. Lies die folgende Erläuterung zur Dimension „lösungszentrierter Zukunftsorientierung versus rekonstruierende Vergangenheitsorientierung":

Die entscheidende Frage ist, wie sehr im Moment an möglichen Lösungsszenarien in der Zukunft gearbeitet wird, oder ob Verstrickungen aus der Vergangenheit, welche die Rolle des Therapeuten z. B. unbewußt in Form von Identifikation oder Übertragungsmechanismen überschatten, aufgearbeitet werden.
Vergangenheitsorientierte Supervisionen, in denen nie ein Bezug zum gegenwärtigen Erleben oder auch zu möglichen Lösungen in der Zukunft hergestellt werden, verführen SV dazu, zukünftige Lösungsszenarien auszublenden.

2. Reagiere auf folgende Äußerungen von SD mit zukunfts- und lösungsorientierten Fragen. Z. B.:

SD: Das ist mir in dieser Gruppe noch nie gelungen!

SV: Wie glaubst Du, daß es Dir beim nächsten Mal in dieser Gruppe gelingen könnte?

SD: Der Chef war bisher nur einmal im Team kurz anwesend!

SV: _____

SD: Der Klient erinnert mich an meinen Vater!

SV: _____

SD: In der Arbeit mit der Familie fühle ich mich so richtig gelähmt und alles, was ich in der Sitzung versucht habe, geht schief!

SV: _____

3. Lies die folgende Erläuterung zur Dimension „Ressourcen versus Defizitorientierung":

Fokussiert man den Scheinwerfer der Aufmerksamkeit auf mögliche Ressourcen des Klientensystems, des SD oder therapeutischen Systems oder fokussiert man auf „blinde Flecke", auf Aspekte, die unbewußt übersehen worden
sind oder auf Pathologien? Sofern man nicht in defizitorientierter Patho-
logisierungstrance erstarrt, finden wir auch diesen Pol der Dimension für
Supervisionsarbeit wesentlich, wenn er zu mehr Bewußtheit führt. Eine einseitige Ressourcenfixierung mit Defizitphobie halten wir im supervisorischen
Kontext für problematisch.

4. Reagiere auf folgende Äußerungen mit Fragen, die einen neuen
   Aufmerksamkeitsfokus in der vorliegenden Dimension einleiten. Z. B.:

SD: Das ist mir in dieser Gruppe noch nie gelungen!

SV: Kannst Du Dich an eine Situation in einer Gruppe erinnern, in der es
    Dir möglich war? Was würdest Du in dieser Gruppe brauchen, damit es
    Dir gelingt? Ist es Dir in dieser Gruppe irgendwann in Ansätzen gelun-
    gen?

SD: Der Chef war bisher nur einmal in diesem Team kurz anwesend!

SV: _____

SD: Der Klient erinnert mich an meinen Vater!

SV: _____

SD: In der Arbeit mit der Familie fühle ich mich so richtig gelähmt und alles,
    was ich in der Sitzung versucht habe, geht schief!

SV: _____

5. Lies die folgende Erläuterung zur Dimension „Intensität der Assoziation versus Dissoziation" durch.

Unter Dissoziation versteht man die Fähigkeit zum Abspalten des inneren Bezugsrahmens, also z. B. ein Geschehen lediglich anzuschauen, ohne in das Geschehen gleich gefühlsmäßig hineinzugehen. Wenn jemand assoziiert ist, erlebt er z. B. beim Erzählen der Situation die gesamte Szene als wäre sie vor ihm und er ist in ihr mit allen Sinnen gefühlsmäßig involviert. In der sprachlichen Repräsentation zeigt sich Assoziiertheit durch den dominierenden Gebrauch von kinästhetischen Worten.

6. Reagiere auf folgende Äußerungen und Fragen, die eine Dissoziation ermöglichen. Z. B.:

SD: In dieser Beziehung habe ich mich eigentlich immer schlecht gefühlt!

SV: Wenn Du Dich in dieser Beziehung von außen betrachtest, gibt es da eine Ausnahme?

SD: Das Schicksal dieses Klienten geht mir sehr nahe!

SV: _____

SD: Am liebsten würde ich diese Klienten hinauswerfen!

SV: _____

SD: Wenn ich daran denke, fühle ich mich gelähmt!

SV: _____

7. Reagiere auf folgende Äußerungen mit Fragen, die eine Assoziation ermöglichen. Z. B.:

SD: Wenn ich mir diese Familie so vorstelle, sehe ich keine Lösung!

SV: Wie fühlst Du Dich in der Rolle des Vaters, wenn das Problem gelöst ist?

SD: Wenn ich dem Klienten zuhöre, spüre ich nichts!

SV: _____

SD: Während der letzten Sitzung kamen mir nur Gedanken, es wurde mir langweilig!

SV: _____

SD: Wenn ich mir das so anschaue, was sich zwischen ihnen abspielt, fällt mir nichts ein!

SV: _____

8. Lies folgenden Text über das Verhältnis von therapeutischen und Supervisionssystem!

Die Teilnehmer am therapeutischen System sind die Klienten, Therapeut und alle Beteiligten früherer Generationen und Institutionen, die zusammen das Problemsystem konstruiert haben. Dabei spielen alle bedeutsamen Kontextbedingungen, aber auch unbewußte Aspekte eine Rolle.
Die im Supervisionsprozeß häufig auftretenden „Spiegelphänomene" der Beziehungsmuster zwischen dem Supervisionssystem und Therapiesystem werden in diesem Modell ebenfalls deutlich angezeigt. Wenn sich auf der Dimension der Assoziation beide Systeme überlappen, dann agieren SV und SD assoziiert und spiegeln Muster, die im Therapiesystem vom Therapeuten zumeist unbewußt übernommen wurden und in das Supervisionssystem übertragen werden. Fragen, wie – *„Wenn wir unsere Beziehung zwischen Dir als Therapeut und dem Klienten vergleichen, was ist da anders und was gemeinsam? Wenn uns jemand in unseren Rollen als SV und als SD und Dich mit Deinen Klienten beobachten würde, was würde ihr (ihm) dann auffallen?"* – ermöglichen die nötige dissoziierte Außenperspektive und exzentrische Position zur Erkennung solcher Spielregeln.

9. Beantworte folgende Fragen, die sich auf das einleitende Fallbeispiel beziehen:

a) Woran könnten die unbewußten Anteile beim SD liegen?

b) Welche einseitigen Aufmerksamkeitsfokussierungen sind im Fallbeispiel deutlich erkennbar?

c) Welche Fragen würden hier Wahrnehmungsunterschiede ermöglichen?

10. In jedem Bewußtseinsraum in dem Meta-Modell der Supervision läßt sich eine auf Unterschiede hin konstruierte Frage stellen. Versuche in den folgenden Fragen die verwendeten Dimensionen zu erkennen. Z. B.:

SV: „Angenommen, Du würdest Dir bei den nächsten Sitzungen in dieser Familie mehr erlauben, Deinen Humor einzusetzen, woran würdest Du das merken und woran die Familie? Welche Körperhaltung würdest Du dann einnehmen?"

Diese Frage verknüpft lösungszentrierte Zukunftsorientierung, Ressourcen und Dissoziertheit bezogen auf das therapeutische System.

SV: Welches Gefühl hast Du gegenüber der Mutter und kennst Du dieses Gefühl?

Auflösung: _____

SV: Gehe in die typische Haltung des Klienten und drücke sie nonverbal aus, dann gehe in Deine Haltung, mit der Du darauf reagiert hast. Schaue Dir dann aus geeigneter Entfernung euer Spiel an und stelle Dir vor, das Spiel läuft mit doppelter Geschwindigkeit in einem Film. Verwandle den Film in einen Comicfilm und gib ihm einen passenden Titel. Welche Haltung könntest Du in Zukunft einnehmen, daß dieses Stück so weiterläuft, daß es allen nützt und Spaß macht?"

Auflösung: _____

SV: Angenommen, ein guter Freund, der Humor hat, würde mir bei der Arbeit mit diesem System zuschauen und zuhören, was würde ihm am stärksten auffallen und worüber würde er am meisten lachen?". Gesetzt den Fall, ich würde meinem Klienten jetzt so richtig die Meinung sagen und mein Gefühl so rauslassen wie gegenüber einem Vertrauten, wie würde er wohl reagieren, und was würde sich dadurch verändern? Angenommen, Milton Erikson, Virginia Satir, Mara Selvini, Frank Farelly, Till Eulenspiegel und Mulla Nasrudin säßen in einem Reflecting Team. Was würde jeder zu diesem bisherigen Verlauf des Gesprächs sagen, und was wäre der gemeinsame Tenor von allen?".

Auflösung _____

4.8. System- und körperorientierte Arbeitsformen

4.8.1. Arbeit mit Skulpturen

Ziele: → Erlernen von Arbeitsformen auf einer ganzheitlich und körperorientierten Ebene

→ Erlernen, Systemprozesse gleichzeitig und ganzheitlich zu erfassen

Impuls: Systemische Beratungskontexte laufen Gefahr, sich zu sehr auf sprachliche und kognitivistische Arbeitsformen zu beschränken. Der kinästhetische und visuelle Zugang wird durch die folgenden Arbeitsmöglichkeiten miteinbezogen. Damit wird eine sinnlich konkrete Wahrnehmung von Veränderungs- und Handlungsperspektiven erlebbar gemacht. Dadurch wird mühsames Zerreden und lehrhaftes Dozieren gemäß dem Zitat von Mutter Theresa: „Man sollte weniger reden. Ein Ort, an dem Lehren verkündet werden, ist kein Ort für Begegnung" eingeschränkt.
Im Bereich der Arbeit mit Skulpturen gibt es unterschiedliche Vorgehensweisen, die je nach theoretischem Hintergrund gewählt werden und sich besonders in Bezug auf Statik und Dynamik der Bedeutung des nonverbalen Ausdrucks und in der Auswertung unterscheiden.

Arbeitsauftrag 1:
Verteilt folgende Rollen: 1 SV, 1 SD und Rollendarsteller je nach Anzahl der relevanten Systemmitglieder und arbeitet nach den vorgegebenen Schritten.

1. SD wählt für jedes relevante Systemmitglied des Problemsystems einen Darsteller aus der Gruppe.

2. SD stellt das Klientensystem in einem „treffenden und typischen Beziehungsbild" auf. (Nähe, Distanz, Hierarchie, oben-unten).

3. SD überprüft die Positionierung der Darsteller aus verschiedenen Perspektiven und korrigiert gegebenenfalls.

4. SV stellt folgende Basisfragen:
Wie geht es Dir in dieser Position?
Wie geht es Dir mit dem Abstand zu dem oder den .....?
Was würdest Du gerne verändern?

5. In einem gemeinsamen Prozeß entwickeln SD und Darsteller ein Lösungsbild, indem jeder sich wohlfühlt und seinen ihm gemäßen Platz hat.

6. Der SV fordert die Darsteller auf, sich bewußt zu entrollen, wenn möglich mit Musik.

7. Gemeinsame Reflexion des Prozesses, in dem auch sichtbar wird, ob die Entrollung gelungen ist.

4.8.2. Externalisieren eines inneren Problembildes (nach M. Varga v. Kibed und I. Sparrer, 1995)

Arbeitsauftrag 1:

Verteilt folgende Rollen: 1 SV, 1 SD und Rollendarsteller und arbeitet nach den vorgegebenen Schritten.

1. SD sucht Darsteller für
   Dein Problem
   die Lösung des Problems
   für Hindernisse auf dem Weg zur Lösung des Problems
   für Lernaufgaben, die in diesem Problem enthalten sein könnten
   für wichtige Ressourcen
   für Deine Persönlichkeitsmitte

2. SD stellt die genannten Aspekte bzw. die DarstellerInnen ohne Worte im Raum in Bezug zueinander auf.

3. SD wählt weitere Darsteller für die Qualtitäten: Liebe, Witz und Klarheit und gibt ihnen eine Position im Raum.

4. Jeder Darsteller beschreibt die gegenwärtige Empfindung in dieser Position.

5. Der SV unterstützt den SD im Ausprobieren neuer Ordnungen des Problems in Richtung auf eine Lösungsorientierung.

6. Der SV fragt die Befindlichkeit der Darsteller ab.

7. Entrollen und Reflexion des Prozesses.

4.8.3. Darstellung aller wesentlichen Aspekte eines Themas (nach M. Varga v. Kibed, 1995)

Arbeitsauftrag 1:

Verteilt folgende Rollen: 1 SV, 1 SD und Rollendarsteller je nach Anzahl der relevanten Systemmitglieder und arbeitet nach den vorgegebenen Schritten.

1. Der SD nennt alle wesentlichen Aspekte, die ihm zu einem Supervisions-problem einfallen.

2. SV notiert und visualisiert diese Begriffe und unterstützt eine gezielte Auswahl der momentan bedeutsamsten.

3. SD wählt Darsteller für die Begriffe und gibt ihnen einen Platz im Raum.

4. SV unterstützt SV im Ausprobieren neuer Ordnungen.

5. SV fragt nach der Befindlichkeit der Darsteller.

6. Entrollen und Reflexion des Prozesses.

INS SYSTEM FALLEN KANN BEDEUTEN, ...

... SO VON EINEM PROBLEM BETROFFEN ZU SEIN,
DASS MAN ES MITTRÄGT.

4.8.4. Wiedergewinnung und Nutzen von Ressourcen in der Fallsupervision

Ziele: → Kennenlernen von NLP-orientierten Arbeitsformen, die eine Aktivierung und Utilisation von Ressourcen des SD unterstützen

→ Erlernen von sturkturierten Arbeitsformen, die eine Externalisierung und Distanzierung von inneren problemhypnotischen Mustern fördern

Impuls: Methoden des Neuro-linguistischen Programmierens und der Hypnotherapie nach Milton Erikson enthalten viele Möglichkeiten, supervisorische Prozesse kurz, lösungsorientiert und respektvoll gegenüber der kreativen Eigendynamik zu gestalten.
Die körperorientierten Darstellungen im Raum bei Beachtung der sinnlichen Einschränkungen gestalten gezielte Musterunterbrechungen und Neuorientierungen.
Die folgenden Übungsangebote setzen unterschiedliche Schwerpunkte, um bedürfnis-gerecht bei Problemen des SD eingesetzt werden zu können. Vertrautheit mit Grundkenntnissen des NLP erleichtert die Durchführung der Übung.

Arbeitsauftrag 1: Sich mit Ressourcen aufladen

Verteilt folgende Rollen: 1 SV, 1 SD, eventuell Beobachter. Führt die folgenden Übungen mit Hilfe der jeweiligen Anleitungen durch und reflektiert anschließend den Prozeß

1. Wie könnte Dich das System, mit dem Du arbeitest, blockieren?
   Welches sind körperliche Anzeichen für die Sackgasse?

2. Welche Qualitäten und Ressourcen brauchst Du, um Dich in diesem System wohl, lebendig und kreativ zu fühlen?

3. Erinnere Zeiten, wo Du besonders stark diese Qualitäten erlebt hast?

4. Markiere Plätze im Raum, die diese Qualitäten (Moments of excellence) repräsentieren.

5. Verbinde die Qualitäten dieser Kreise in einem Ressourcentanz oder in einer dynamischen Bewegung.

6. Assoziiere zu den Energien und Qualitäten dieser Plätze ein geheimes Kraftwerk (Mantra).

7. Erinnere erste körperliche Signale der Sackgasse und springe dann (mental oder real) mit einem tiefen Atemzug in Deine Ressourcenplätze.

Arbeitsauftrag 2: Selbstmanagement by walking*

1. Denke in der Rolle des SD an einen schwierigen Fall, mit dem Du in nächster Zeit wieder arbeiten wirst.

2. Suche im Raum einen Platz, an dem das Geschehen des Falls mit allen beteiligten Personen einschließlich Dir selbst in einer Weise abläuft, als wäre die schwierige Situation real. Also versetze Dich an diesen Platz möglichst mit allen Sinnen in die Situation zurück.

3. Sobald Gefühle der schwierigen Situation spürbar und bewußt werden, verlasse den Platz und gehe so weit davon weg, bis Du die Situation als Ganzes sehen kannst und Du wieder ein neutrales Gefühl hast.

4. Erinnere Dich nun an diesem neuen Platz an Situationen und Erfahrungen, bei denen Du Qualitäten gespürt hast, die in der problematischen Situation hilfreich wären. Spüre tief hinein in diese Erfahrung Deiner Qualitäten wie z. B. Kreativität, Klarheit, Flexibilität, Offenheit usw.

5. Nimm an diesem Platz der Ressourcen Deine Veränderungen von Haltung, Atmung und Blickwinkel wahr.

6. Gehe nun in dieser Haltung so weit auf die problematische Situation zu, bis Du spürst, daß sich Deine Physiologie in Richtung der Problemphysiologie des „Problemplatzes" verändert.

7. Stoppe achtsam und gehe so weit zum Ressourcenplatz zurück, bis Du wieder voll die Ressourcenphysiologie spürst.

8. Versuche nun immer näher an den Problemplatz heranzukommen und als Ziel in den Problemraum einzutreten, wobei Du aber Deine Ressourcenphysiologie beibehältst.

---

* Diese selbstmeditative und bewegungsintensive Methode beruht in abgewandelter Form auf einer NLP-Technik von John Grinder, die unseres Wissens nirgends publiziert wurde.

9. Gehe anschließend auf einen neutralen Platz außerhalb des Problem- und Ressourcenraumes, laß die Erfahrung noch etwas wirken und frage Dich, was für konkrete Auswirkungen sich daraus für die nächste Arbeit mit diesem Fall ergeben.

INS SYSTEM FALLEN KANN BEDEUTEN,...

... DIE WIRKLICHKEITSKONSTRUKTION EINES TEAMS UNBEFRAGT ZU ÜBERNEHMEN.

Arbeitsauftrag 3: Von der Gegenübertragung zum „Ressourcensprung"

Folgende Übung eignet sich, wenn intensivere Gefühle gegenüber den Klienten, Blockaden, im Kreis rennen und übermäßige Identifikation des SD beobachtet werden.
Begleite als SV den SD mit folgenden Schritten:

1. Feststellung einer Zeitlinie im Raum, wo Gegenwart, Vergangenheit und Zukunft markiert werden.

2. Beschreibe das Problem so, als wenn Du es hier und jetzt erleben würdest. (SV beobachtet Physiologie, Repräsentationssysteme, wiederholende Metaprogramm-Muster und sprachliche Metaphern)

   a) Gehe von der markantesten Physiologie in eine körperliche Darstellung der Rolle über, die Du in diesem System einnimmst.

   b) Nimm das Gefühl wahr und finde die dazu passenden Glaubenssätze.

   c) Gib diesem Teil von Dir einen Namen.

   d) Stelle fest, mit genau welchen Signalen der Teil beginnt.

   e) Intensiviere und übertreibe die körperliche Darstellung und stelle fest, wie sehr Du noch gut hörst, siehst, fühlst...

4. Geh nun (in Trance) mit diesem Gefühl und dieser Haltung (oder Metapher) zurück in der Zeit bis zur frühesten Szene, an die Du Dich erinnerst.

5. Spring aus diesem System heraus und nimm es wie ein gleichmütiger Zuschauer neugierig mit nötiger Distanz und mit freundlicher Aufmerksamkeit wahr und vergleiche es mit Deinem therapeutischen System.

6. Würdige die positive Absicht des Gefühls oder des Verhaltensmusters. Nimm auch die daraus erwachsende Kraft, Energie und vielleicht Überlebenskunst wahr. Laß Dir von Deinen inneren Helfern, Deinem Unbewußten, Deiner jetzigen Reife und Toleranz all das geben, was Du damals gebraucht hättest.

7. Nimm Dich nun wahr mit all den Fähigkeiten und Qualitäten und gehe in eine körperliche Haltung, die dies voll und ganz zum Ausdruck bringt. Gib dieser Haltung einen Namen.

8. Geh nun in die Problemsituation und nimm das erste Signal wahr, das die blockierende Haltung auslöst, und springe dann mit dem Ausruf (des Ressource-Namens von 7.) in die entsprechende Haltung. Wiederhole dies mindestens 5 mal und nimm dann wahr, wie Du Dich als SV mit diesem Klienten (System) anders fühlst.

Arbeitsauftrag 4: Super-Comics-Visionen

1. Festlegung von verschiedenen „Standpunkten" im Raum. Dabei werden die Plätze für den Therapeuten, die Klienten, einen außenstehenden Beobachter und eine „Kreativwerkstatt" vom SV festgelegt.

2. Am Platz der „Kreativwerkstatt" wird ein spielerisch, kreativer Zustand verankert. Der SD wird an diesem Platz in einen Trancezustand versetzt und besonders an kreative und närrische Momente im Leben erinnert. Entsprechende Vorbilder werden imaginiert und als Quellen zusätzlicher Inspiration an diesem Platz versammelt.

3. Am Platz des Therapeuten erfolgt ein Wiedererleben der Problemsituation, als ob sie im „Hier und Jetzt" wäre. Die Rolle des Therapeuten wird nun clownhaft übertrieben.

4. Dasselbe erfolgt am Platz jedes Klienten.

5. Von der Position des Beobachters wird nun mit verschiedenen „Kameraeinstellungen" des Films der Interaktion zwischen Therapeut und Klienten gespielt. Scharfe Nahaufnahmen wechseln mit Ferneinstellungen von verschiedenen Perspektiven und die Geschwindigkeit des Films wird vor dem inneren Auge zunehmend gesteigert. Dies erleichtert das Erkennen sich wiederholender Muster.

6. Ab einer gewissen Geschwindigkeit läßt der SD den Film in einen metaphorischen Comic-Film überspringen.

7. Mit diesem „Comic-Film" geht der SD nun wieder auf den Platz der Kreativwerkstatt und arrangiert, bzw. simuliert den Film solange, bis er zumindest zwei bis drei brauchbare neue Lösungsvisionen gefunden hat.

8. Die Lösungen werden nun aus der Position des Therapeuten und in der Rolle der Klienten durchlebt. Damit wird die ökologische Sinnhaftigkeit für das gesamte System getestet.

Hinweis: All diese Schritte sind je nach Kontext und aktuellem Prozeß beliebig variierbar und veränderbar. Das Wesentliche ist: sich spielerisch und so flexibel im erregenden Chaos menschlicher Systeme zu bewegen, daß wir bedeutsame Unterschiede entdecken, die im Handeln einen Unterschied machen.

DIE ARBEITSWEISE SYSTEMISCHER KURZZEITSUPERVISION VON TEAMS

80

5. STANDORTBESTIMMUNG ZUR TEAMSUPERVISION

Teamsupervision stellt zweifellos eines der wesentlichen gegenwärtigen Supervisionskonzepte dar, das trotz seiner kurzen Geschichte einen beeindruckenden Grad an Heterogenität und Elaboriertheit aufweist. Teamsupervision wurde von verschiedenen Richtungen der Gruppendynamik, von Therapieansätzen und organisationsbezogenen Konzepten zu definieren und präzisieren versucht.

So entstand gerade um diesen Begriff ein Spannungsfeld unterschiedlicher Ansichten. Eine systemorientierte Teamsupervision de-konstruiert und re-konstruiert die Wirklichkeitskonstruktionen des Teams und seiner Mitglieder und reflektiert die Auswirkungen dieser Impulse auf personaler, interpersoneller und organisatorischer Ebene. Der Glaube an gezielte Intervenierbarkeit in Teams und Organisationen wurde zugunsten von Konzepten der Betonung von Autonomie und Selbstorganisation lebender Systeme und der konstruktiven minimalen Irritation unbrauchbarer „Einredungen" ersetzt. Verzichtet wird weitgehend auf normative Annahmen des idealen Funktionierens eines Teams oder einer Organisation.

Wichtig erscheint uns auch die gesellschaftsbezogene und ethische Reflexionsebene, die in Zukunft mehr Beachtung finden sollte. Wir erweitern in unseren Übungen schrittweise den Fokus von einer teambezogenen zu einer organisationsbezogenen „Brille" und laden ein, die gesellschaftsbezogene und ethische Reflexionsebene mitzubedenken, bei der wir selbst noch am Anfang stehen.

Hinweis: Vergleiche Vertiefungstext 6.12. Ebenen, Seite 137; 6.13. Beziehungsgeflecht Seite 138; 6.15. Thesen, Seite 139; 6.16. Gründe, Seite 141; 6.17. Vor- und Nachteile, Seite 142

5.1. Teamsupervision als Beratungsmix?

Ziele: → Differenzierung von Arbeitsangeboten in der Teamsupervision
Reflexion über die Angemessenheit, Kontextsensibilität und Auswirkungen eines „Beratungsmix" in der Teamsupervision

Impuls: Eine klare Definition und Konzeptualisierung des jeweiligen Arbeitsangebotes und Abschätzung der zeitlichen, örtlichen und motivationalen Faktoren ermöglichen einen maßgeschneiderten und realistischen „Beratungsmix" innerhalb des Rahmens einer Teamsupervision. Unter Teamsupervision kann man die Bearbeitung von

Interaktionsmustern auf Rollen-, Beziehungs-, Team- und Organisa-
tionsebene einer kooperierenden Arbeitsgruppe innerhalb einer
Institution mit dem Ziel der Gewinnung von Ressourcen und Stei-
gerung der Arbeitseffizienz verstehen. Dabei werden unterschiedliche Arbeits- und Beratungsformen angewandt.

Arbeitsauftrag 1:

Bildet Dreier-Gruppen, diskutiert die Fragen und vergleicht anschließend
Ergebnisse im Plenum.

1. Welche der (in der angeführten Skizze) Arbeitsformen hast Du in Team-
   supervision in welchem Ausmaß erlebt?
   Zeichne dies in einem Kuchenkreis mit jeweiligen Anteilen, vergleicht die
   Ergebnisse und diskutiert die Effizienz der Erfahrungen.

2. Welche Arbeitsangebote übersteigen den Rahmen der Teamsupervision,
   wenn sie monatlich für 2 bis 3 Stunden stattfinden soll?

3. Welche Auswirkungen hat eine unreflektierte Mischung aus verschiedenen
   Arbeitsangeboten?

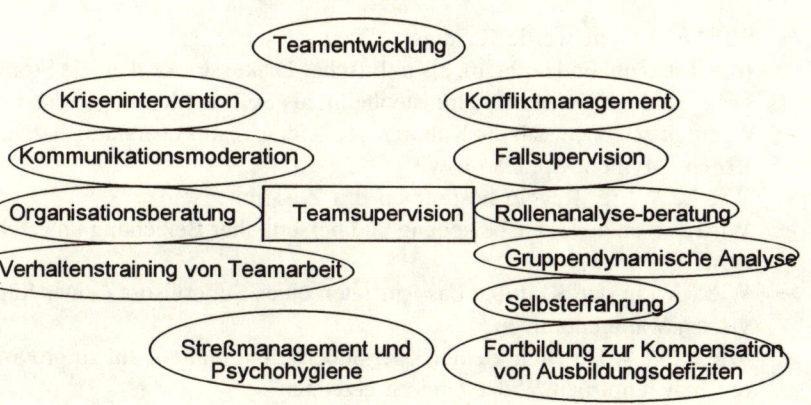

5.2. Umgang mit verschiedenen Teamkulturen

Ziele: → Unterschiede zwischen Teamkulturen erkennen

→ Das Verhältnis in der eigenen Biographie in der Affinität zu verschiedenen Teamkulturen erkennen

Impuls: „Das Team als Erdscholle ist eher familiär-ökologisch geprägt, die Beratungszimmer sind wohnlich bis spießig eingerichtet, im kleinen Teamgarten werden die gängigen Kräuter gezüchtet, es riecht nach Tee, Kandis und dem Pfeiffentabak von Bernd. Das Team ist stolz darauf, die für alle obligatorischen Wollpullover während der wöchentlich stattfindenden Teamsitzung fertig gestrickt zu haben." (D. Horn/Wagner, in Kersting u. Neumann-Wirsig, S.101; 1991)
Die Teamkultur als gewachsene Struktur ist in ihren Werten und Kommunikationsformen zu achten, auch wenn sie von außen als destruktiv oder verhindernd wahrgenommen wird.

Arbeitsauftrag 1:

Untersuche die Kultur von möglichst 2 Teams, mit oder in denen Du arbeitest, die Dir besonders unterschiedlich erscheinen, und beantworte dann folgende Fragen für jeweils beide Teamkulturen:

➤ Welches Etikett würde für dieses Team passen?
(das Team als Freizeitheim, als politischer Diskussionszirkel, als Straßengang, als Familie, als Pensionistenheim, als Selbstbedienungsladen usw.)
➤ Wodurch zeichnen sich die Kulturen der beiden Teams charakteristisch aus? (Riten, Mythen, Sprache usw.)
➤ Welche Werte, Regeln bestimmen das Zusammensein?
➤ Wird zwischen Arbeitsbeziehung und persönlicher Beziehung unterschieden?
➤ Wie wird in den Kulturen das Auftreten eines Supervisors / einer Supervisorin wahrgenommen?
➤ Wie müßtest Du Dich kleiden oder äußerlich verhalten, um zu provozieren bzw. enormen Widerstand zu erzeugen?
➤ Welches Verhalten von Dir würde zu einem Abbruch der Supervision seitens der Gruppe führen?
➤ Wo liegen die Qualitäten, wo die Verzerrungen der beiden Kulturen? Worin liegt für die jeweilige Kultur die größte Herausforderung?

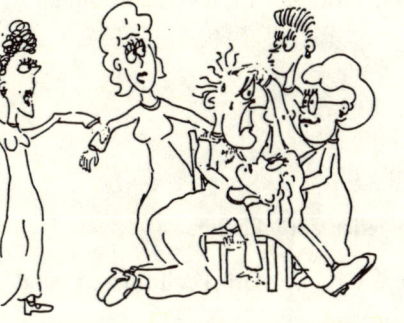

WIE ICH SEHE, HERR HUBER,
IST IHR TEAMPROBLEM
ETWAS KOMPLEXER ...

5.3. Strukturen und Dynamik eines Teams untersuchen

Ziele: → Relevante Aspekte der Dynamik eines Teams reflektieren lernen.

→ Sensibilisieren für unausgesprochene, wenig bewußte Teamkräfte

Impuls: In Teams wirken Regeln, Gesetze, Strukturen und dynamische Kräfte, welche die Effizienz der Arbeit stark beeinflussen. Oft kann man sogar von einer Teamtrance sprechen, die durch einseitige Aufmerksamkeitsfokussierung und durch institutionelle Strukturen bedingt ist und Arbeitseffizienz und Kreativität blockiert.

Arbeitsauftrag 1:

Folgende Satzanfänge und Fragen können als Impulse zur Reflexion dienen. Nach einer Einzelarbeit werden die Ergebnisse in Kleingruppen diskutiert und reflektiert.

1. Die ungeschriebenen Gesetze dieser Gruppe / dieses Teams sind:

2. Um hier voll dazu zu gehören,
   muß man ...
   darf man nicht ...

3. Was wir vermeiden zu besprechen ist:

4. Was ich in diesem Team immer wieder zurückhalte, ist ...

5. Die (versteckten) Kräfte, die unsere Gruppe stark beeinflussen, sind ...

6. Von den institutionellen Vorgaben und Strukturen behindert mich / uns am meisten ...

7. Was sind die wesentlichen Positiva dieses Teams?

8. Was ist das Problematischste an diesem Team?

9. Was glaubst Du, wäre die wichtigste Neuerung für dieses Team?

10. Dieses Team kommt mir immer wieder vor wie ...

5.4. Umgang mit Skepsis und Widerstand

Ziele: → Sensibilisierung für die Interaktionsdynamik von Supervisoren und Teams, die durch Vorannahmen entstehen.

→ Erweitern des Rollenrepertoires und Erkennen der Möglichkeiten und Grenzen einer skeptischen Ausgangsposition gegenüber einem Team.

Impuls: Oft haben SV als auch Teams Widerstände gegen eine Supervision. Es ist nicht selten zu beobachten, daß gegenseitige Überzeugungsarbeit den Widerstand weiter steigert. Die skeptische Grundhaltung des Supervisors kann paradoxerweise die Motivation und Eigenverantwortlichkeit des Teams steigern.

Arbeitsauftrag 1:

Verteilt folgende Rollen: 1 SV, Teammitglieder und mehrere Beobachter und arbeitet nach den vorgegebenen Schritten.

1. Bildet ein Team, das Supervision in Anspruch nehmen möchte und bereit ist, entsprechende Rahmenbedingungen zur Verfügung zu stellen.
   (Kontrakt ist schon erledigt)

2. Ein SV wird ohne Wissen des Teams wie folgt instruiert:
   „Dieses Team möchte Supervision, die Rahmenbedingungen passen, gleichzeitig zweifelst Du daran, ob Supervision hier das angemessene Mittel ist. Bleibe während des gesamten Gespräches in dieser skeptischen Grundhaltung".

3. Die Beobachter beobachten die Interaktion zwischen Team und SV und die Entstehung sich wiederholender Muster.

4. In der Reflexionsphase bearbeiten alle Teilnehmer folgende Fragen:

   ➤ Welche Dynamik bewirkt die skeptische Haltung des Supervisors?

   ➤ Unter welchen Bedingungen ist diese Haltung eine wertvolle Intervention, um Unterschiede einzuführen?

Arbeitsauftrag 2:

Verteilt folgende Rollen: 1 SV, Teammitglieder und mehrere Beobachter und arbeitet nach den vorgegebenen Schritten.

Bildet ein Team, das Supervision bezahlt bekommt und vom Dienstgeber her in Anspruch nehmen sollte. Das Team wird ohne Wissen des SV wie folgt instruiert:

„Ihr seid ein Team, das eigentlich Supervision überflüssig findet, da sie aber in der Dienstzeit stattfindet, würdet ihr unter bestimmten Bedingungen bereit sein, wenn der Supervisor eure Erwartungen erfüllt. Andererseits hättet ihr allerdings Probleme mit den Dienstgeber, wenn die Supervision nicht stattfindet."

Die Beobachter beobachten die Interaktion zwischen Team und SV und die Entstehung sich wiederholender Muster.

Gemeinsame Reflexion folgender Frage:

➤ Welche Dynamik bewirkt die skeptische Haltung des Teams?

Vertiefungsauftrag 1:

Spielt dieselbe Struktur durch, Team und SV werden dabei beide, ohne von einander zu wissen, in die skeptische Grundhaltung eingeführt.

5.5. Umgehen mit Beziehungsangeboten von Teams

Ziele: → Erkennen von Beziehungsangeboten in der Teamsupervision

→ Lernen von Metakommunikation

→ Kreatives Umgehen mit Widersprüchen

Impuls: Teams erteilen oft auf unbewußter Ebene widersprüchliche Aufträge und bringen so den SV in eine Zwickmühle. Die Kunst der Supervision besteht darin, aus unmöglichen Aufträgen einen möglichen zu gestalten.

Arbeitsauftrag 1:

Verteilt folgende Rollen: 1 SV, Teammitglieder, mehrere Beobachter und arbeitet nach den vorgegebenen Schritten.

Spielt verschiedene Durchgänge mit den unten genannten Beziehungsangeboten. Das Team wird ohne Wissen des SV instruiert, eine der genannten Grundhaltungen und Beziehungsangebote phantasievoll auszugestalten. Die Teammitglieder entscheiden sich bezüglich ihrer Identität und inhaltlichen Ausgestaltung. Die Beobachter nehmen war, wie der SV mit dem Beziehungsangebot umgeht.
In der Reflexionsphase wird der SV über das Beziehungsangebot aufgeklärt.

„Wasch uns, aber mach uns nicht naß!"

„Wasch uns, und macht nur die anderen naß!"

„Wasch uns, und mach nur Dich selbst naß!"

„Wasch nur den und die, und mach sie richtig naß, wir gehen inzwischen Eis essen!"

„Leg den mal trocken, der uns hier waschen will!"

„Räum erstmal in der Wäscherei auf, bevor Du hier alles naß machst!"

„Wir haben weder Waschmittel noch Wasser!"
(D. Horn/Wagner, in Kersting u. Neumann Wirsig, S.96.1991)

Vertiefungsauftrag 1:
Führt die Übung mit zwei SV durch, von denen einer eher in der außenstehenden, beobachtenden Metaposition ist.

5.6. Zirkulär-reflexive Fragen in der Teamsupervision

Ziele: → Erlernen der systemischen Fragetechnik

→ Erzeugen von relevanten Unterschieden durch gezielte Fragen zu verschiedenen Aspekten der Teamsupervision

Ziele: → Wahrnehmen von Zirkularität und reflexiven Prozessen, in denen zukünftige Lösungsräume, Perspektiven und Ressourcen sichtbar werden.

Impuls: Zirkuläres Fragen ist eine Methode, die von Vertretern der Mailänder Schule (Selvini Palazzoli u. Mitarbeitern) zur Exploration systemischer Beziehungsprozesse entwickelt wurde. Der Begriff reflexive Fragen bezieht sich auf Fragen, die zukünftige Möglichkeiten, simulationsartiges Probehandeln, unterschiedliche Perspektiven und Ressourcen ermöglichen. Vorhandene Realitätskonstruktionen werden verflüssigt und die Möglichkeiten von Wandel sichtbar.

Arbeitsauftrag 1:
Bildet Paare und verteilt die Rollen von SV und SD.

Der SD präsentiert eine Teamstruktur, die mit Hilfe des Minucchin-Schemas (Seite 129) visualisiert wird. Der SV interviewt den SD mit Hilfe der Fragen aus den 7 Kategorien, die er dem Kontext des SD entsprechend aussucht und umformuliert.

Zirkulär-reflexive Fragen in der Teamsupervision

1) Kontextualisierung der Supervision und des Problems

➤ Unter welchen Bedingungen macht welche Art von Supervision bei diesem Problem für alle Beteiligten Sinn?

➤ Angenommen, wir betrachten Supervision als Idee eines Lösungsversuches, welche Lösung sollte der SV erbringen?

➤ Angenommen, ich wäre heute nicht in der Rolle des SV hier, wie würdet ihr mit dem Problem umgehen?

➤ Welche Auswirkungen hat es, wenn durch diese Supervision herauskommt, daß die Differenzen zwischen euch größer sind, als ursprünglich angenommen?

➤ Wann und wo tritt Problem X auf und was tun dann A, B und C?

➤ Wer ist wie am Entstehen und Aufrechterhalten des Problems beteiligt?

➤ Seit wann besteht das Problem und wer hat es zuerst bemerkt?

➤ Wann war es das letzte Mal, als das Problem nicht oder weniger auftrat?

➤ Welche Erwartungen hat heute jeder an die Supervision, so daß es sich wirklich lohnt, die Zeit damit zu verbringen?

➤ Woran würdet ihr heute merken, daß die Supervision ineffizient wird?

➤ Woran würdet ihr merken, daß die Supervision effizient war?

2. Verdeutlichung gegenseitigen Bedingens (Circularität)

➤ Angenommen, ihr wollt auch weiterhin, daß der Chef euch mit Mißtrauen begegnet, wie müßtet ihr euch dann verhalten?

➤ An den Chef: Angenommen, Sie wollen, daß ihre Mitarbeiter sich auch weiterhin nicht offen zu ihnen verhalten, was müßten Sie tun?

3. Klärung von Beziehungsmustern

a) Einführung einer Außenperspektive durch triadische Fragen

➤ Wie seht ihr die Beziehung zwischen Chef und Stellvertreter?

➤ Was glaubt ihr, wie A die Beziehung zwischen Chef und Stellvertreter erlebt? Was glaubt ihr, wie A die Beziehung zu euch erlebt, wenn sie immer dann, wenn der Chef Y tut, X machen?

➤ Was glaubt ihr, wie euer Vorgesetzter über eure Arbeit denkt?

b) Koalitionen

➤ Welche Kollegen stimmen mit dem Ziel X überein und welche nicht?

➤ Angenommen A und B würden in Zukunft das Ziel X konsequenter verfolgen, würde das die Beziehung zwischen euch und C eher zusammenführen oder auseinanderbringen?

c) Rangreihen

➤ Wer zeigt sich am meisten über die Zukunft des Teams besorgt, wer am wenigsten?

➤ Wenn ihr das Ausmaß der Besorgtheit auf einer Skala von 0 bis 10 einordnen würdet, wie groß wären dann die Unterschiede?

d) Interaktionelle Auswirkungen von bedeutsamen Ereignissen

➤ Was hat sich im Team verändert, seit der alte Chef weg ist?

➤ Wer hat die Umstellung am leichtesten verkraftet, wer am schwersten?

➤ Angenommen, ihr würdet weiter so miteinander umgehen, seit die Finanzierungsstelle euch Mittel gekürzt hat, welche Auswirkungen hätte das?

➤ Wer würde möglicherweise als erster kündigen?

4. Fragen zu Teammythen, Werten und kollektiven Glaubenssätzen

➢ Wie erklärt ihr euch, daß seit Herbst die Spannungen im Team zugenommen haben?

➢ Angenommen, ihr würdet euch das eher mit A als mit B erklären, welche Auswirkungen hätte das auf eure zukünftige Zusammenarbeit?

➢ Angenommen, die Organisationsdiagnose würde stimmen, welche Auswirkungen hätte das auf eure Zusammenarbeit?

5. Klärung der Bedeutung von Eigenverantwortlichkeit und institutioneller Bedingtheit von Problemen

➢ Bleibt seit Herbst die Arbeit bei euch liegen, weil ihr nicht anders könnt oder wollt?

➢ Angenommen, ihr würdet euch weiter so verhalten, daß ihr euch als Opfer der Organisationsstruktur erlebt, aber der Chef wäre sich sicher, daß dem nicht so ist, wie würde sich das auf die Arbeit auswirken?

➢ Könnt ihr euch an eine Situation erinnern, wo ihr von dieser institutionellen Paradoxie fast überwältigt worden seid, es dann aber doch fertigbrachtet, sie zu unterlaufen und damit kreativ umzugehen?

➢ Woran erkennt ihr, daß ihr immer noch einen gewissen Einfluß auf die Institutionsstruktur nehmen könnt?

➢ Welche Mehrarbeit und welche neuen Verantwortlichkeiten würden sich ergeben, wenn der Einfluß von oben geringer wäre?

6. Erhärtung und Verflüssigung von Realitätskonstruktionen im Team

➢ Wie müßte sich A verhalten, damit er nicht als autoritär bezeichnet würde?

➢ Angenommen, ihr würdet wie durch ein Wunder ab morgen unterschiedliche Zielsetzungen in eurem Team zulassen, woran könnte das ein Außenstehender konkret beobachten?

➤ Angenommen, Herr S., Sie entscheiden sich sehr klar, gegenüber Ihren MitarbeiterInnen als Chef zu reagieren, wie würde sich dieses Verhalten von Ihrem jetzigen unterscheiden?

➤ Wenn Sie sich in einen Konflikt zwischen den beiden Kollegen einschalten, verhalten Sie sich dann in deren Augen eher als Chef oder als väterlicher Patriarch?

➤ Wie müßten Sie sich verhalten, daß Sie von den Teammitgliedern als richtiger Chef wahrgenomen werden?

➤ Angenommen, ihr wollt weiter so tun, als wäret ihr alle gute Kumpels im Team, wer würde sich dann am meisten freuen und wer am wenigsten?

➤ Wenn Sie sich weiter als gewählter Leiter gegenüber ihren Kollegen als Kumpel verhalten, wird dies für die anstehenden Entscheidungen eher förderlich oder hinderlich sein?

7. Fragen zu Ressourcen und zukünftigen Entwicklungsmöglichkeiten

➤ Wer könnte auch eine positive und vorteilhafte Wirkung darin sehen, daß die Spannungen im Team in der letzten Zeit offener ausgetragen werden?

➤ Wann hat die Fraktion X im Team begonnen, weniger Arbeitsfreude und Initiative gegenüber den Klienten zu zeigen?

➤ Angenommen, die Chefin würde sich morgen entscheiden, der Finanzierungsstelle eure Kritik mitzuteilen, welche Auswirkungen hätte das?

➤ Angenommen, ihr würdet euch erlauben, den Geist und Einsatz der Pionierphase eures Teams in dieser Phase der notwendigen Differenzierungen der Funktionen wieder mehr zuzulassen, woran würdet ihr das konkret bemerken?

Vertiefungsauftrag 1:

Arbeitet in Dreiergruppen mit den Rollen: 1 SV, Teammitglieder, mehrere Beobachter und arbeitet nach den vorgegebenen Schritten.

1. Die Teammitglieder wählen ein Beziehungsangebot aus den Vorschlägen von Übung 5.5. Seite 88 aus.

2. Der SV hat die Aufgabe, mit Hilfe zirkulär-reflexiver Fragen das Beziehungsnetz des Teams ziel- und ressourcenorientiert zu erfragen.

3. Die Beobachter stellen die Auswirkungen der Fragen auf die Effizienz des Supervisionsprozesses fest.

Hinweis: Vergleiche Vertiefungstext 6.11. Ideen provokativer Supervision, Seite 136

5.7. Polarisierte Perspektiven der Teamsupervision

Ziele: → Unterschiedliche Perspektiven der Teamsupervision in Organisationen kennenlernen

→ Positionen und flexible kontextsensible Haltungen entwickeln

Impuls: Besonders Teamsupervision befindet sich in einem Spannungsfeld von unterschiedlichen Perspektiven und Schwerpunktsetzungen in der Arbeit. Teamsupervision ist in Gefahr, einerseits in teambezogene Gruppendynamik und andererseits in Organisationsberatung zu entgleiten und die gemäßen Grenzen nicht zu wahren.

Arbeitsauftrag 1:

Wann und unter welchen Bedingungen würdest Du welche Position beziehen?

Teambezogene Brille	**Organisationsbezogene Brille**
Teamsupervision arbeitet grundsätzlich innerhalb der organisatorischen Rahmenbedingungen.	Teamsupervision muß grundsätzlich die organisatorischen Strukturen und Rahmenbedingungen mitreflektieren.
Eine Teamsupervision soll besser ohne Leitung stattfinden, da nur dann Offenheit möglich ist.	Eine Teamsupervision, bei der der Vorgesetzte nicht teilnimmt, ist eine Farce. Probleme mit der Leitung bleiben offen, Spaltungen werden begünstigt.
Die Spielräume der Rollen innerhalb der Organisation sind durch Organisationsstrukturen stark begrenzt und definiert.	Die vorgegebenen Rollen enthalten auch auf Teamebene vielseitige Spielräume, die wahrgenommen und genutzt werden können.
Konflikte in Organisationen sind auf Projektionen, Beziehungsängste und problematische Gruppenprozesse zurückzuführen.	Konflikte resultieren aus den Widersprüchen der Rollen, Aufträge und fachlichen Anforderungen, die durch die Organisation definiert werden.
Teamsupervision muß sich von Ansätzen der Organisationsberatung unterscheiden, sonst verliert sie ihre eigene Identität.	Teamsupervision ist nur organisationsbezogen effektiv und innerhalb der Organisationsansätze sinnvoll einzuordnen.
Eine lediglich organisationsbezogene Betrachtung und Analyse ist reduktionistisch.	Eine gruppendynamisierende und individualisierende Betrachtung der Teamprobleme ist unzulässig.
Supervision erhält zumeist keinen Auftrag zur Veränderung der Gesamtorganisation.	Jeder Auftrag verändert sich und kann in eine organisationsbezogene Supervision übergeleitet werden.

5.8. Möglichkeiten zur Vorbereitung von Teamsupervision – Kochrezepte für Standardmenüs

Ziele: → Erkennen der Bedeutung klarer Kontakt- und Kontraktbedingungen als Voraussetzung für die Arbeit

→ Möglichkeiten zur Strukturierung von Kontakt- und Kontraktphase kennenlernen und auf eigene Fälle anwenden

Impuls: Es gilt dem Erstkontakt und der Kontrakterstellung ausreichend Aufmerksamkeit zu widmen, denn in dieser Phase spiegeln sich sowohl die institutionellen Grundkonflikte (unbewußte Konfliktdynamik bzw. Teamdynamik) als auch die konzeptionelle Grundhaltung des SV / der SV. *„Bearbeite den Supervisionsauftrag und Du bearbeitest den institutionellen Grundkonflikt.“* (Pühl, Handbuch der Supervision, S.172. 1992)

Arbeitsauftrag1:

Verteilt folgende Rollen: 1 SV, Mitglieder eines Teams innerhalb einer Organisation, Mitglieder einer Beratungsfirma, Beobachter und arbeitet nach den vorgegebenen Schritten.

1. Bildet eine Organisation und klärt Hierarchie und Rollen. (Z. B.: eine Beratungsstelle des Sozialamtes des Magistrates einer Bezirksstadt, oder das Primariat innerhalb eines Landeskrankenhauses usw.)

2. Entscheidet, wer Kontakt mit dem SV aufnimmt und wer die Supervision bezahlt.

3. Der SV wählt sich einen Begleiter und möglicherweise eine unterstützende Beratungsfirma im Hintergrund, die er bei Bedarf aufsuchen kann, die aber nicht direkt ins Spiel eingreifen darf.

4. Verwendet die anliegenden Fragebögen und Hilfestellungen für die verschiedenen Phasen und Aufgabenstellungen in der Kontakt-, Kontrakt- und Beginnphase einer Supervision.

Fragebogen 1: Vorabklärung eines Supervisionsansuchens

Die Leitung der Institution und das Team sollten zu Beginn der Supervision folgende Fragen klar beantworten:

a. Warum brauchen wir jetzt Supervision und warum ist sie uns wichtig?

b. Wer genau sollte Supervision durch wen erhalten?

c. Wann und mit welcher Frequenz sollte sie wie lange stattfinden?

d. Was sollte Gegenstand und Thema der Supervision sein und was nicht?

e. Ist es gegebenenfalls möglich, strukturelle Änderungen und Reformen in der Institution durchzuführen?

Hinweis: Vergleiche Vertiefungstext 6.19. Ergänzungsmaterialien, Seite 146. 6.20. Vorabfragebogen, Seite 147

Fragebogen 2: Strukturierung der Kontaktphase

Die genannten Fragen können Anregungen zur Vorgehensweise sein, setzen jedoch eine flexible Handhabung voraus, um markanten Unterschieden gerecht werden zu können.

1. Allgemeine Information zu Aufgabe, Funktion und Tätigkeit des Teams der Institution, relevante historische Aspekte.

2. Ist der Kontaktpartner durch das Team oder die Organisation autorisiert oder wer meldet sich in wessen Auftrag und welche Funktion hat er im Rahmen der Institution?
(welche Berufsgruppe, in welchem Team, in welchem Feld, im Rahmen welcher Institution, in welchem Verhältnis zur Institution)

3. In welcher Verbindung stehen die zu supervidierende Einheit (Team) und Institution zueinander?

4. Wie stehen Leitung, Teammitglieder und Institution zur Supervision?

5. Gibt es bereits Supervisionserfahrung, wenn ja, warum wird gewechselt?

6. Was ist der Anlaß für eine Supervision?

7. Sind notwendige Rahmenbedingungen bereits gesichert? (Finanzierung, Zeit, Dienstrecht, Absprache mit den Veranwortlichen, gemeinsames Interesse der Beteiligten) bzw. mit wem müßten Sie geklärt werden?

Fragebogen 3: Strukturierung der Kontraktphase

1. Möglichkeiten, die zu berücksichtigen sind:

a. Ein Teammitglied (evtl. der Leiter) ist autorisiert, die Rahmenbedingungen für die Institution zu vereinbaren.

b. Die Institution führt durch einen Vertreter gesondert die Verhandlung über den organisatorischen Kontrakt.

c. Das Team ist autonom und verfügt über ein eigenes Budget.

d. Team und Institution sind ident.

e. Andere Möglichkeiten

2. Mit den Veranwortlichen für den organisatorischen Kontrakt sind folgende Aspekte zu klären:

a. Zeit, Häufigkeit, Dauer, Zeitspanne

b. Räumliche Bedingungen, Ort, Ausstattung

c. Teilnahmeverpflichtung (Schweigepflicht, Pausenregelung, Rauchen, Essen, Trinken, Verhaltensweisen während der Sitzung)

d. Verantwortlicher für die Koordination der Rahmenbedingungen

e. Honorarhöhe, Honorarzahler, Zahlungsziel

f. Andere Verpflichtungen und Bedingungen, die vertraglich festgehalten werden sollten.

3. Inhaltliche Zielbestimmung mit autorisiertem Teammitglied oder Team:

1. Aus welchem Anlaß, auf wessen Initiative kam die Idee auf, Supervision in Anspruch zu nehmen und welche Themen oder Ziele wurden benannt?

2. Mit welcher Zustimmung oder mit welchen Vorbehalten stehen die Teilnehmer zu Supervision?

3. Wie wird die Rolle des/der SV allgemein definiert?
Z. B. der Fachmann, die Fachfrau, der/die Rezepte weiß, Verantwortung übernimmt für Lösungsversuche und die Schuld trägt, wenn sie scheitern, oder jemand, der Hilfe zur Selbsthilfe bietet, oder ein Begleiter für alle Lebenslagen?)

4. Wie ist der Leiter/die Leiterin eingebunden?

5. Was sind die Ziele, die benannt werden, und welche Auswirkung hätte ihr Erreichen auf die Zusammenarbeit im Team?

6. Ist für das von den SD benannte Ziel, überhaupt Supervision, das Mittel der Wahl, oder erscheint es sinnvoller, Moderation, Krisenintervention, Fortbildungen, Selbsterfahrung oder ähnliches anzubieten?.

7. Gibt es Erfahrung mit Supervision, und welche?

8. Warum gibt es einen Wechsel oder eine Neuaufnahme?

Fragenbogen 4: Fragen und Hinweise zum Erstgespräch mit einer Supervisionsgruppe

a. Vorstellen

b. In Frageform überprüfen, inwieweit relevante Informationen über die organisatorischen Kontraktbedingungen bereits vermittelt wurden, diese nochmal erörtern und dabei Fragen zum Kontrakt beantworten.
Hier sollen u.a. die Unterschiede herausgearbeitet werden, die möglicherweise durch die Bedeutungsgebung von Supervision durch die verschiedenen Teilnehmer sichtbar werden. Ein gemeinsamer Rahmen für die verschiedenen Bedeutungsgebungen ist zu erarbeiten.

c. Welche Verantwortung tragen die TeilnehmerInnen, welche der Supervisor?

d. Ist Supervision das Mittel der Wahl?

e. Welche Formen der Zusammenarbeit haben die TeilnehmerInnen außerhalb der Supervision und ist damit eine Umsetzung der Arbeitsergebnisse der Supervision möglich? (Es gibt Teams, die sich nur bei einer Supervision treffen).

f. Weitere relevante Fragen zur Kontraktphase: vgl. Vorseite

Hinweis: Vergleiche Vertiefungstext 6.21. Zur Vorbereitung, Seite 149, 6.22. Dynamik des Auftragskontextes, Seite 150, 6.23. Schritte zur Klärung des Auftrages, Seite 151, 6.24. Arbeit mit ..., Seite 152, 6.25. Fragen zur Kontextualisierung des Problemgewebes, Seite 153

Vertiefungsauftrag 1:

Verteilt folgende Rollen: 1 Berater, 1 Kollege, 1 Beobachter und bearbeitet die folgenden Szenarien.

1. Stell Dir vor, Du bist Mitglied einer Beratungsfirma. Ein Kollege fragt Dich bezüglich eines Auftrages, der ihm unklar erscheint. Welche Empfehlung würdest Du Deinem Kollegen im Sinne einer Anbahnung eines klaren Kontaktes und Kontraktes geben?

2. Reflexion: Der Beobachter gibt Rückmeldung, ob er aufgrund der Strukturierung einen klaren Auftrag wahrnehmen konnte.
Du selbst gibst dem beratenden Kollegen die Rückmeldung, ob Du jetzt den Auftrag annehmen würdest.

3. Gemeinsame Schlußreflexion.

Szenarien

Szene 1: Die Krankenschwester einer Klinik ruft an: *„Ich habe Supervision in einem Seminar kennengelernt, können Sie nicht zu uns kommen, da sind einige Kolleginnen, die wollen das auch und wir haben eine Menge Probleme auf unserer Station".*
Frage 1 ....   Frage 2 ....

Szene 2: Sie werden von einer Institution eingeladen, in einem der Häuser – hier z. B. Klinik – zu einer Konfliktlösung beizutragen. Genauere Informationen sind nicht erhältlich außer, daß einige Schwestern einer Station gekündigt haben. Beim Erstgespräch vor Ort stellt sich heraus, daß eine Kollegin aufgrund ihrer Konflikte mit dem Primar gekündigt hat, und daß die Schwestern versuchen wollen, sie von diesem Schritt abzuhalten, weil sonst noch zwei andere Kolleginnen kündigen wollen.

Szene 3: Eine Lehrergruppe wünscht Supervision zur Begleitung ihres Schulversuchs-Projektes. Der Direktor kündigt seine Bereitschaft an, teilzunehmen, fehlt aber während der ersten beiden Sitzungen. In diesen Sitzungen kommt das Gespräch immer wieder auf Beziehungskonflikte mit ihm, die der/die SV mit Hinweis auf sein Fehlen zurückstellt. Nach der zweiten Sitzung sucht der/die SV ein Gespräch mit dem Direktor. Hier stellt sich heraus, daß dieser große Angst vor einer Eskalation in der Supervision hat und nun doch nicht teilnehmen möchte. Er hat die Direktorenstelle erst kürzlich übernommen und wurde einem Kollegen der Schule, der sich auch beworben hatte und dienstälter ist, vor die Nase gesetzt.

Szene 4: Vermehrt auftretende autoaggressive Verhaltensweisen einzelner Heimbewohner, (behinderte Erwachsene), führen zu dem Wunsch im Team, eine begleitende Supervision einzurichten, um die enorme Belastung durch diese aggressiven Ausbrüche zu balancieren. Die Leitung des Hauses willigt aus eigener Hilflosigkeit ein, ist aber sehr skeptisch einem Fremden gegenüber eingestellt. Wie sich beim weiteren Erfragen herausstellt, ist die Mutter eines Schützlings Leiterin des Heimes.

Szene 5: Ein Schulkollegium entscheidet sich, gemeinsam mit der Direktorin zur Teilnahme an einer Supervision. Die Supervision wird als eine fallbezogene Supervision definiert, in der es u.a. um die zunehmend aggressiven Verhaltensweisen der SchülerInnen gehen soll. In den ersten fünf Sitzungen werden neben der persönlichen Betroffenheit und der Ohnmacht der LehrerInnen immer wieder die institutionellen Rahmenbedingungen und der gesellschaftliche Kontext von Schule benannt. Sobald das Gespräch nicht mehr fallbezogen ist, wird der Direktor sehr aktiv und es ist die Bildung von Subgruppen zu beobachten. Gleichzeitig ist zu bemerken, daß drei Kolleginnen jeweils die Sitzungen frühzeitig verlassen.

Szene 6: Du wirst zu einer Supervision im Zusammenhang mit einem aktuellen Konflikt eingeladen. In einer regionalen Vertretergruppe, die für eine Firma

(SIPS-AG) europaweit Versicherungsprodukte anbietet und.vertreibt, gibt es Spannungen wegen Gebietsübertretungen. Bei einem Sondierungsgespräch erhältst Du folgende Informationen vom Verkaufsleiter für Österreich. Die Vertretergruppe setzt sich aus zwei Untergruppen zusammen, aus zwei Firmen, die vor 2 Jahren fusioniert wurden.

Die eine Gruppe arbeitet eher verkaufsorientiert, die andere Gruppe eher beratungsorientiert. Die fusionierte Firma hat den Anspruch, beratungsorientiert zu vertreten. Die Bezirksleiter betreuen jeweils 8 Vertreter. In 3 der 24 Bezirke kommt es immer wieder zu Konflikten, angeblich wegen der anfangs beschriebenen Gebietsübertretungen der Vertreter. Die Bezirksleiter sind wiederum einem Verkaufsleiter verantwortlich, der sich vor allem Sorgen um die Entwicklung in einem Bezirk macht, wo bereits 2 Mitarbeiter des 8-köpfigen Teams gekündigt haben. Der Verkaufsleiter selbst schildert den Konflikt so: Die Bezirksleiter v. a. in den konfliktträchtigen Bezirken seien nicht in der Lage, ihre Mitarbeiter ausreichend zu motivieren und kooperativ zu führen. Nach einem weiteren Gespräch stellt sich heraus, daß der Verkaufsleiter möchte, daß die Konflikte in den entsprechenden Bezirken möglichst rasch beseitigt werden. Er wiederum ist der eurpäischen Geschäftsführung verantwortlich und ist in ein Gremium der Verkaufsleiter der anderen europäischen Länder eingebettet.

Vertiefungsauftrag 2:

Spielt eine Supervision mit relevanten Vertretern der SIPS-AG durch und verwendet in der Reflexion die Fragebögen zur Selbstreflexion und zur Selbstsupervision im Vertiefungstext 6.26. und 6.28, Seite 155 und 157

5.9. Rollenspiele zur Simulation komplexer Teamdynamik

Ziele: → Erkennen und Umgehen mit verdeckten Beziehungsstrukturen

→ Anwendung der Strukturierungshilfen und Fragetechniken zur Entwicklung eines angemessenen Supervisionskontextes

→ Lernen, Komplexität zu strukturieren und die Vorteile der Außenperspektive durch zusätzliche Berater als Ressource zu erkennen

Impuls: Unabhängig von einem sorgfältigen Kontrakt wird der SV in den ersten Sitzungen mit einer Beziehungskomplexität konfrontiert, die Konfusion und Lähmung erzeugen kann. Diese Gefühle sind jedoch als wichtige Ressource zu nutzen, in dem sie z. B. benannt werden können. Deshalb erscheint es sinnvoll, Contracting als einen ständigen Prozeß wahrzunehmen. Es könnte nämlich eine Einredung sein, sich mit einem präzisen Kontrakt am Anfang Arbeitsbedingungen zur eigenen Sicherheit zu erschaffen, die sich dann letztlich als Illusion erweisen können. In der Gruppe der

Berater gibt es hier unterschiedliche Auffassungen bezüglich linearen und prozeßhaften Vorgehens. Der Vertragsabschluß für eine Reise in eine fremde Kultur kann auf der Reise gewisse Gültigkeit verlieren.

Arbeitsauftrag 1:

Ein Spielkoordinator begleitet die Verteilung folgender Rollen: Mitglieder der jeweiligen Teams, Leiter, SV, 2-3 Berater des SV, Beobachter; verteilt die Aufträge an die Gruppenmitglieder und koordiniert die Durchführung.

1. Wählt einen Spielkoordinator und verteilt die angegebenen Rollen

2. Der Koordinator instruiert alle über die Rahmenbedingungen der jeweiligen Simulation und die Mitglieder des Teams einzeln ohne Wissen der anderen Teammitglieder, gemäß den Aufträgen der Simulationen.

3. Der SV kann den Prozeß jederzeit unterbrechen, um sich mit seinen Beratern auszutauschen.

4. In einer gemeinsamen Reflexion nehmen die Beteiligten zu folgenden Fragen Stellung:

➤ Wie haben sich die Beziehungsdynamik und die institutionellen Rahmenbedingungen auf den Supervisionsprozeß ausgewirkt?

➤ Welche Hypothesen haben die Berater zu diesem Team entwickelt?

➤ Wie fühlten sich die Teammitglieder in ihrer Rolle wahrgenommen?

➤ Mit welchen Vorannahmen zum Prozeß der Supervision würden sie zu einer nächsten Supervision gehen?

➤ Konnte die Konfusion im Team reduziert werden?

➤ Wurden eher interaktions- und personenbezogene Aspekte oder organisationsbezogene Rahmenbedingungen zur Erklärung der Dynamik herangezogen?

Simulation 1:

Rahmenbedingungen: Sie sind ein Team von Bewährungshelfern in einer großen Stadt. Ihre Stelle besteht seit 7 Jahren. In den letzten Jahren gab es vier Leiter. Es finden wöchentliche Teamsitzungen und monatliche SV statt. In der Arbeitsstelle stehen 3 Räume zur Verfügung, außerdem gibt es das Büro, in dem die Sekretärin arbeitet und das Zimmer des Leiters. Es ist außerordentlich mühsam, notwendige Anschaffungen zu tätigen. Die Belastung durch ihre Tätigkeit und die ständigen Spannungen mit der vorgesetzten Behörde und den Vollzugsanstalten sind deutlich spürbar. Von den 9 Mitarbeitern sind 7 in der Supervision anwesend.

Rollenaufträge:

A: Du bist ein Leiter / eine Leiterin. Du hast Angst die Leitungsfunktion in diesem Team einzunehmen, denn Du weißt, daß schon einige LeiterInnen vor Dir in diesem Team gescheitert sind. Du mußt vor allen Dingen auf die Rollenspieler B und C aufpassen, die sich durch Deine Anwesenheit bedroht fühlen.

B: Du weißt genau, was hier gespielt wird. Eigentlich hättest Du das Team leiten wollen, doch jetzt ist Dir A vor die Nase gesetzt worden. Du wirst einen Weg finden, Deine Interessen durchzusetzen.

C: Du bedauerst A sehr, daß er in diese Leiterposition gekommen ist. Gleichzeitig kannst Du nicht verstehen, daß er Deine Hilfsangebote nicht annimmt. Mit etwas gutem Willen muß doch hier Ordnung zu schaffen sein.

D, E, F: Du bist noch nicht lange im Team. Das, was hier geschieht, verwirrt Dich. Auf der einen Seite würdest Du Dir wünschen, daß klare Position bezogen wird, so daß auch Du in diesem Team Deinen Platz finden kannst, auf der anderen Seite bemühst Du Dich, vorsichtig zu sein, denn Du kennst Dich in diesem Team noch nicht genau aus.

G, H: Du bist schon seit einigen Jahren in diesem Team und Du hast schon einige Leiter kommen und gehen sehen. Du hast viele Konflikte miterlebt und erfahren, daß man sie in diesem Team nur schwierig oder gar nicht bewältigen kann. Du hast keine Hoffnung, daß Supervision etwas bewirken wird, nimmst aber teil, denn es wird von Dir verlangt.

Simulation 2:

Rahmenbedingungen: Erstgespräch, Klinik, Unfallambulanz, 24 MitarbeiterInnen, davon eine Oberschwester, eine Stationsschwester, Primar, Radldienst.
Anlaß der Supervision sind zunehmende Konflikte im Team, die auf Überlastung zurückgeführt werden.

A: Du bist der Primarius, die Oberschwester hat Dich überredet, an dieser Supervision teilzunehmen, um guten Willen zu deklarieren, damit die Konflikte nicht weiter eskalieren. Du kannst Dich ganz auf die Oberschwester verlassen, die die Stationen in Deinem Sinne führt. Die Konflikte des Pflegepersonals sind eher unangenehm und bedrohlich für Dich. Dafür hast Du ja Deine Oberschwester.

B: Du bist die Oberschwester, die erste Vertraute des Primars. Du hast erkannt, daß dieser Mann sich schwer tut, Menschen zu führen. Da Du von seiner fachlichen Kompetenz überzeugt bist, und auch seine persönliche Anerkennung genießt, hast Du es übernommen, die Konflikte und Schwierigkeiten in den Stationsteams für ihn aus dem Weg zu räumen. In der Aufnahmestation, die heute Gegenstand der Supervision ist, gibt es wieder einmal einige gravierende Konflikte zwischen Stationsschwestern, Schwester, MitarbeiterInnen und Patienten. Du bist fest gewillt, diese Konflikte im Sinne des Primars zu bereinigen.

C: Du bist die Stationsschwester und vermutest eine heimliche Koalition zwischen Primar und Oberschwester. In der arbeitsmäßigen Überlastungssituation und in den Konflikten, die immer wieder zwischen neuen und alten Teammitgliedern entstehen, wenn es um die Verteilung der Dienstpläne geht, kannst Du Dich glücklicherweise auf die Schwestern D und E stützen.

D, E: Du bist eine erfahrene Schwester und Du unterstützt die Stationsschwester. Du siehst, daß sie überlastet ist und Mühe hat, ihrer Aufgabe gewachsen zu sein. Du bemühst Dich, die Konflikte zwischen neuen und alten Teammitgliedern auszugleichen.

F, G, H: Du bist schon viele Jahre auf dieser Station beschäftigt. Du weißt nicht so genau, was Supervision bewirken soll, aber Du bist bereit daran teilzunehmen, vielleicht hilft es ja. Du bist auch bereit, bei Veränderung mitzuwirken, wenn sie nicht Deine grundlegenden Interessen gefährden. Du hast schließlich auch noch eine Familie zu versorgen und andere Verpflichtungen, die Du bewältigen mußt.

I, J: Du hast Angst, daß hier etwas in Gang kommt, das für Dich unangenehm sein könnte. Daher hältst Du Dich vorsichtig zurück und achtest u. a., wie der Primar reagiert. Was immer Deine Kolleginnen sagen und versprechen, letztlich ist er der maßgebliche Chef.

K, L, M: Du bist neu in diesem Team und beruflich noch recht unerfahren, verwirrt über die Beziehungsdynamik und suchst Deinen Platz in diesem Team.

N, O: Du bist neu in diesem Team und hast viel Berufserfahrung, da Du schon viele Jahre in anderen Krankenhäusern gearbeitet hast. Du bist erschrocken und enttäuscht, über das Arbeitsklima, das Du vorfindest, und möchtest alles daran setzen, um dieses Klima zu verbessern.

Hinweis: Vergleiche Vertiefungstext 6.26. Fragen zur Selbstreflexion, Seite 155, 6.27. 10 wichtige Fragen, Seite 156, 6.28. Fragen zur Gegenübertragung, Seite 157

5.10. Organisationsrelevante Aspekte der Teamsupervision

Ziele: → Erkennen organisationsrelevanter Einflüsse auf die Teamsupervision

→ Sensibilisierung für Überschneidungsbereiche und Grenzen zwischen Teamsupersupervision und Organisationsberatung

→ Bewußtmachung der eigenen institutionellen Gruppen- und Institutionssozialisation in ihren Auswirkungen auf unbewußte Gegenübertragungsprozesse

Impuls: Als Teil von Institutionen und Organisationen stehen Teams im Spannungsfeld mit anderen Systemen und hierarchischen Ebenen. Teams können sich selbst in einer kollektiven Trance als Nische, Familie, Kampfbande etc. definieren und ihre eigene Einbettung und Verstrickung in institutionelle Widersprüche und Machtverhältnisse leugnen. Eine unreflektierte bzw. unbewußte eigene Institutions- und Teambiographie des SV ermöglicht solchen Teams die Verführung des SV und somit weitere Ausblendung der übergeordneten Strukturen. Die folgenden Übungen sollen schrittweise für diese Zusammenhänge sensibilisieren, wobei wir darin lediglich einige wenige Ausschnitte der komplexen Thematik methodisch erfassen konnten.

Arbeitsauftrag 1:

1. Beschreibe stichwortartig Deine Verhaltensmuster, Gefühle, Einstellungen und Rollen gegenüber Autoritäten und Regeln in den genannten Kategorien der folgenden Matrix in Abhängigkeit vom Alter. Verwende dazu ein großes Plakat und Farbstifte für die Unterscheidung von Gefühlen, Einstellungen, Rollen usw.

Biographische Rollenmatrix
Typische Verhaltensmuster
Einstellungen und Rollen gegenüber Autoritäten und Regeln

Alter 0	In der Herkunfts-familie/Sippe	In Gruppen, Ban-den und Teams	In Institution und Organisation
jetzt			

2. Überlege die Auswirkungen Deiner Darstellungen auf Dein eigenes Rollenbild als Berater bzw. SV, Deine Arbeitsweise und mögliche Gegenübertragungsgefühle bezüglich Teams und Institutionen.

3. Vergleicht eure Ergebnisse in Kleingruppen und diskutiert die praktischen Auswirkungen auf eure Tätigkeit als SV oder Berater.

Arbeitsauftrag 2:

1. Drücke Deine Gefühle und Haltungen gegenüber einer oder mehreren Institutionen in jeder Lebensphase (a. 0 – 12 Jahre; b. 11 – 20 Jahre; c. 21 Jahre und darüber) darin aus, daß Du Dich in Deiner Beziehung zu den Institutionen in einer symbolischen Zeichnung darstellst oder dazu Skulpturen aufstellst.

2. Die Auswertung und Reflexion erfolgt wie bei der vorangegangenen Übung.

Arbeitsauftrag 3:

1. Finde einen symbolischen Ausdruck für ein Team, das für Dich von besonderer Bedeutung war (ist) in einer Zeichnung und drücke intuitiv aus, wie Du die Beziehung der Institution zu diesem Team erlebt hast (erlebst).

2. Male auf einem zweiten Bogen dieses Verhältnis Team-Organisation, wie Du glaubst, daß die Vorgesetzten es darstellen würden.

3. Male dieses Verhältnis, wie Du es gerne gehabt hättest, bzw., wie Du es gerne in Zukunft haben möchtest.

4. Vergleicht eure Bilder untereinander und diskutiert die Unterschiede eurer jeweiligen Darstellungen.

Arbeitsauftrag 4:

1. Untersuche team-, organisations- und gesellschaftsbezogen Deine berufliche Rolle bzw. Deine Rolle als SV in einem relevanten Arbeitskontext mit Hilfe der folgenden Darstellung.

2. Versuche in einer spielerischen Darstellung mit Rollenspielern die für Dich wichtigsten Ergebnisse (auch Paradoxien, Bizarrheiten, karikaturhaften Züge) zu improvisieren. Bringe diese als Regisseur zur Aufführung.

3. Gemeinsame Reflexion des „Psychodramas".

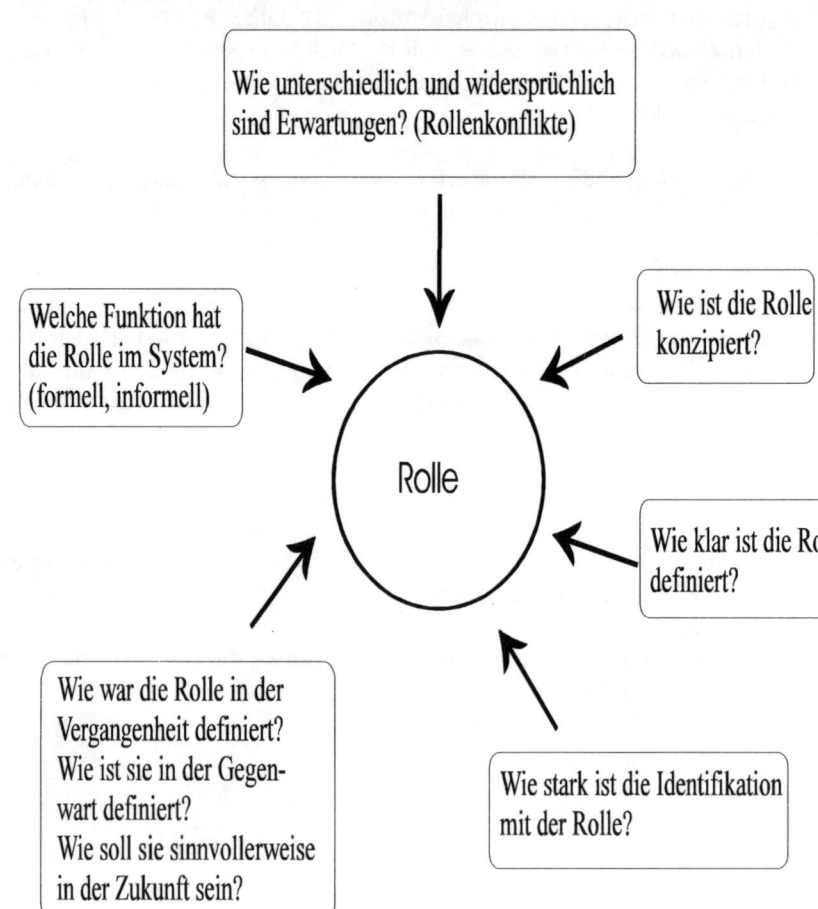

Arbeitsauftrag 5:

Untersuche mit folgenden Fragen und Impulsen die organisatorische Einbettung des Teams (Szene 6 von Seite 86)

1. Skizziere die formale Hierarchie des Betriebes (Organigramm)
   Versuche, mit Hilfe der Strukturdiagnostik von Minucchin, die informellen Beziehungen zwischen den einzelnen Teilsystemen darzustellen.

2. Welche Auswirkungen haben organisationsstrukturelle Verhältnisse, Anforderungen, Widersprüche auf die Arbeits- und Kommunikationsfähigkeit der Teammitglieder?

3. Kläre, inwieweit die folgenden Fragen bei diesem Fall relevante organisatorische Aspekte erhellen, die für die Weiterarbeit mit diesem Fall hilfreich sind:

> Wer innerhalb der Organisation hat detaillierte Informationen über das Problem?
> (Halbwahrheiten vs. klare Fakten)

> Wer ist involviert und wünscht eine Veränderung und fühlt sich verantwortlich für die Veränderung? (Wer gehört zum Team der Supervision? Wer redet darüber vs. wer ist emotional involviert?)

> Wer kann den Wandel bewirken?
> (Wer kann welche Ressourcen mobilisieren, um den Wandel einzuleiten bzw. zu ermöglichen? Wer hat die Power? Welche Ziele und Maßnahmen scheinen Dir in diesem Fall angebracht? Welche dieser Maßnahmen könnten im Rahmen von Supervision erfolgen oder ist dies vielleicht kein geeigneter Fall für Supervision?)

> Was würde die Erreichung der Ziele durch die vorgeschlagenen Maßnahmen bewirken und sind diese Ergebnisse für alle Beteiligten wünschenswert?

> Könnte die Teamsupervision als Lösungsversuch in diesem Fall die Problematik sogar verschärfen?

Arbeitsauftrag 6:

Lies die anliegende Fallbeschreibung: „Privatsanatorium Waltl" und untersuche den Fall mit Hilfe des anschließenden Schemas „Arbeits- und Prozeß-ebenen der Kurzzeitsupervision für Teams" im Vertiefungstext Kapitel 6.29. Arbeits- und Prozeßebenen, Seite 158 und bearbeite folgende Aufträge und Fragen:

1. Skizziere die Organisationsstruktur des Sanatoriums

2. Untersuche, wie die einzelnen Prozeßebenen des Würfels definiert sind. (Hinweise zur Erlätuerung des Würfels finden sich im Vertiefungstext auf Seite ...)

   Wie klar sind diese Definitionen? Welche Ebenen werden aus den bisherigen Informationen nicht ersichtlich, müßten aber transparent gemacht werden?

   Beispiel: Welche Mythen und Glaubensregeln liegen dem Verhalten der Psychotherapeuten zugrunde? Was heißt das für ihre Identität und Vision für die Zukunft im Sanatorium? Gibt es derzeit Fähigkeiten, Ressourcen und Kontextbedingungen, um diese Vision umzusetzen?

3. Welchen Zeithorizont haben einzelne Vertreter dieses Sanatoriums?

   Welche Seite versucht ihre eigene Zukunftsperspektive gegenüber der anderen durchzusetzen?

4. In welchen Bereichen kann bei diesem Fall Supervision, Moderation, Coaching, Konfliktmanagement, oder Maßnahmen der Organisations-entwicklung wie Klausuren, systematische Erhebung mittels Fragebogen usw. sinnvoll sein?

Vertiefungsauftrag 1:

Sie erhalten einen Anruf des Leiters des Privatsanatoriums Waltl, der Ihnen diese Informationen (siehe Fallbeschreibung) gibt und Ihnen mitteilt, daß er eine kostengünstige Möglichkeit für Beratung sucht. Da Beratungsfirmen für ihn nicht in Frage kommen, sei er auf Supervision gekommen und lädt Sie ein, in seinem Haus zu arbeiten.
Wie reagieren Sie?

Fallbeschreibung

Privatsanatorium WALTL

Aus einer Art Kurhotel, das bereits seit 1954 besteht, ist im Lauf der 60er Jahre ein Privatsanatorium entstanden, das in den letzten 20 Jahren zunehmend von Patienten, die über eine Privatversicherung verfügen, in Anspruch genommen wurde.

Das Haus wurde zunächst von dem Besitzer Herrn Waltl geführt und 1972 von seinem Sohn, einem Arzt, übernommen.

Während eine Tochter von Herrn Waltl die Physiotherapie leitete, hatte Frau Waltl zu der damaligen Zeit die Wirtschaft über.

Mit zunehmender Nachfrage wuchs das Team im Haus an und es wurde verschiedenstes Personal angestellt. Das Haus wird weiterhin als eine Art Familienbetrieb geführt, wobei Herr Waltl jun. nur noch zu einem Teil als Arzt tätig ist und zum großen Teil die Koordinierung des Hauses übernommen hat.

Einerseits durch die ständig wachsende Nachfrage, andererseits durch eine gewisse Routine können die Mitarbeiter derzeit nicht ausreichend auf die Kundenwünsche eingehen. Es ist z. B. vorgekommen, daß Kunden, die telefonisch um Auskünfte gebeten haben nicht weiterverbunden wurden und verärgert einhängten.

In den verschiedenen Abteilungen des Hauses wurden falsche Auskünfte

gegeben. Informationen über die Veränderungen in den Behandlungsabteilungen wurden den Ärzten, die die Diagnose erstellen und die Behandlungen verordnen nicht rechtzeitig bekanntgegeben, oder blieben überhaupt bei den verhältnismäßig stark spezialisierten Therapeuten hängen. Bei den Therapeuten häufen sich die Beschwerden über die Behandlung durch die Ärzte, und sie beklagen sich außerdem, daß die Küche nicht ausreichend die diätischen Maßnahmen einhält. Sie glauben, daß nur eine klare Führung wie früher durch den Chef, Abhilfe schaffen könnte. Ein weiterer Konflikt scheint zwischen den Gruppen der physikalischen Therapeuten und Behandler und den Psychologen dem Psychotherapeuten zu bestehen. Die Maßnahmen in den verschiedenen Bereichen werden zwar von den Ärzten verordnet, die verschiedenen Behandler selbst sind jedoch nicht ausreichend über die unterschiedlichen Maßnahmen informiert, und die Physiotherapeuten zeigen sich verunsichert über das, was in der Psychotherapie überhaupt stattfindet.

Der Psychotherapeut und die Psychologen ihrerseits fühlen sich nicht ausreichend durch die Ärzte geachtet und versuchen durch freie Angebote die Patienten für ihr Programm zu gewinnen. Sie glauben, daß eine gebührende Anerkennung psychotherapeutischer Maßnahmen wichtig sei, als eine klare Führung durch den Chef und haben eher Sorge, in ihrer Autonomie noch mehr eingeschränkt zu werden.

Ein Hauptproblem ist jedoch, daß durch die starke Spezialisierung bei vielen verschiedenen Therapeuten und Behandlern die Verantwortung des einzelnen Therapeuten oder Behandlers für den Patienten zurückgeht, zumal die Entscheidung für die einzelen Therapieformen ja von dem Arzt gefällt wird. Der ärztliche Leiter macht sich zwar ab und zu ein Bild über den Therapieverlauf und versucht in einem abschließenden Gespräch den Therapieerfolg zu überprüfen, ist aber sichtlich bei der Informationsverarbeitung überfordert.

Leider stellt sich heraus, daß es kein klares Rückmeldesystem über die durchgeführten Therapien und ihre Auswirkungen gibt. Die Ärzte, die nur stundenweise im Sanatorium arbeiten, werden von den Behandlern und Therapeuten nicht ernst genommen, die sich oft durch die Aufträge der Ärzte überfordert fühlen und sich in ihrer belastenden Arbeitssitution nicht ausreichend wahrgenommen sehen. Diese Schwierigkeiten und Konflikte werden auch für die Patienten spürbar, die in letzter Zeit zunehmend darüber klagen, abgefertigt zu werden und auf eine ganzheitliche und organische Behandlung drängen. Das alles bedingt, daß der ausgezeichnete Ruf dieses Privatsanatoriums in der letzten Zeit etwas gelitten hat. Es gibt auch keine Marketingabteilung. Der Servicegeist der MitarbeiterInnen hat in letzter Zeit deutlich abgenommen und in den Büroabteilungen trifft man immer wieder besorgte Gesichter an, da das Haus immer häufiger nicht ganz ausgebucht ist. Der dennoch immer noch steigende Umsatz hat dazu geführt, daß weitere bauliche Maßnahmen in Angriff genommen wurden, um weitere therapeutische Maßnahmen parallel anbieten zu können, während Psychologin und Psychotherapeut über die räumlichen Bedingungen klagen, in denen sie arbeiten müssen (die Gesprächsgruppen finden in einem der Speisesäle statt, die Besprechungszimmer liegen neben dem Büroräumlichkeiten und sind von daher lärmbeeinträchtigt).

Das Privatsanatorium Waltl umfaßt verschiedene Abteilungen:

Wirtschaft: insgesamt 22 MitarbeiterInnen
unter der Leitung einer Wirtschaftsleiterin
betreuen Küche, Haus und Garten

Büro: Anmeldung, Rechnungswesen
5 MitarbeiterInnen und Herr Waltl jun.
bemühen sich um die organisatorische Abwicklung,
die Verrechnungen mit den Krankenkassen und andere
büroorganisatorische Abläufe

Arbeitsbereich Medizin: Herr Dr. Frötsch
mit 5 Assistentinnen verantwortlich für allgemeine und innere
Medizin, (klassischer Organmediziner) und
3 Konsultationsärzte, die nur zeitweise im Hause sind
für die Bereiche Orthopädie, Stoffwechselstörungen und.....

Bereich Psychotherapie: Fr. Dr. Stengerer als Psychologin und Gesundheitsberaterin u.
Herr Moitz, Psychotherapeut
bieten Einzelgespräche, Gruppengespräche, Entspannungstraining,
Kreative Beschäftigungstherapie und
Übungsgruppen zur Körpertherapie an

Medizinische Therapie und Behandlung:
3 Physikotherapeuten,
2 fix angestellte Masseure,
2 Masseure mit Teilzeitaufträgen,
1 Bademeister.
Dieses Team führt die Behandlungsvorschläge der Ärzte aus (Massagen, versch. Bäderformen, Körper- und Bewegungsübungen und and. med. Therapien)

5.11. Maßnahmen zur Stabilisierung von Systemen oder „Hoch lebe der Feind"

Ziele: → Wahrnehmen systemstabilisierender Faktoren von komplexen Systemen

→ Erkennen der Möglichkeit zirkulärer Fragen zur Aufdeckung problemstabilisierender Faktoren

→ Erkennen, daß Diagnose und Intervention in einem prozeßorientierten Vorgehen ineinandergreifen

Impuls: Systeme verfügen über vielfältige Mechanismen, Verfahrensweisen und Rituale, ihre Identität zu entwickeln und/oder aufrecht zu erhalten.

Diese systemstabilisierenden Prozesse können sich gegen Abweichungen innerhalb und außerhalb des Systems wenden und damit helfen, Grenzen und Identität aufzuzeigen.

Sie sind teilweise auch gegen imaginäre Feinde gerichtet, die erst dadurch entstehen, daß man sie bekämpft, was rückwirkend die Maßnahmen und damit die Identität bestätigt.

Berufsgruppen und Ausbildungsinstitute entwickeln in diesem Zusammenhang immer wieder brillante Möglichkeiten, sich selbst zu legitimieren.

Da die Bedeutung von Außenfeinden gewöhnlich unterschätzt wird, und Supervision zu sehr zu unreflektierten friedensbildenden Maßnahmen neigen könnte, wollen wir hier ein Beispiel betrachten und ein System, in dem „reale" äußere Feinde schon immer eine zentrale Rolle gespielt haben.

Arbeitsauftrag 1:

Lies den folgenden Text und genieße die spielerische Möglichkeit, komplexe Zusammenhänge der Stabilisierung und den systemischen Umgang damit kennenzulernen.

In Kleinbonum ist alles friedlich. Doch diese äußere Ruhe täuscht. Wie wir nämlich einem Bericht über eine „Soziale Netzwerkintervention mit zirkulären Fragen am Beispiel des Gallischen Dorfes Kleinbonum" von Bernd Schmidt (1989) entnehmen können, haben die psychosomatischen Erkrankungen und vielfältigen Streitigkeiten unter den Bewohnen so beängstigend zugenommen, daß sich der Häuptling, Asterix, Obelix und der Druide für eine Konsultation bei einer Beratungsfirma entschieden haben. Bernd Schmidt schildert uns nun die Erfahrungen der Beratergruppe wie folgt:

... Bei näherem Nachfragen erfahren wir hier, daß die Lebendigkeit im Dorf aus der Sicht von Obelix etwas mit den Auseinandersetzungen mit den Römern zu tun habe und daß nach seiner Vermutung alle Probleme gelöst wären, wenn die Römer, anstatt diese irritierende Friedensinitiative zu betreiben, wie üblich ein- bis zweimal im Monat das Dorf angreifen würden. ... Dann fragten wir den Häuptling: „Angenommen, im nächsten Monat würden entgegen dem gegenwärtigen Anschein wieder Angriffe der Römer auf das Dorf beobachtet werden können, vermutest Du, daß dann die Streitereien gleichbleiben, zunehmen oder abnehmen?" Der Häuptling meint, von allen durch Nicken unterstützt, daß sie dann drastisch abnehmen würden. Eine ähnliche Antwort erhalten wir bezüglich der psychosomatischen Beschwerden vom Druiden."

So stellt sich neben vielfältigen anderen Entwicklungsmöglichkeiten auch die Frage, ob die Kämpfe mit den Römern nicht wieder geschürt werden könnten:

... „Auch könnten speziell durch spektakuläre Aktionen von Asterix und Obelix die Römer doch noch einige Male daraufhin getestet werden, ob sie nicht doch für die alten Streitbarkeiten wiedergewonnen werden könnten oder ob die Friedensinitiative bei den Römern ein Faktor geworden sei, mit dem man rechnen müsse und könne." (Bernd Schmidt, 1989)

Vertiefungsauftrag 1:

Untersuche ein Supervisionssystem, in dem immer wieder Außeneinwirkungen verantwortlich gemacht werden und beantworte folgende Fragen:

1. Welche Auswirkungen haben diese Fremdeinflüsse?

2. Welche Prozesse würden Deiner Meinung nach in diesem System entstehen, wenn diese Fremdeinflüsse wegfallen würden?

3. Wie würde sich die Dynamik im System verändern?

4. Welche Prozesse könnten zu einer neuen Stabilisierung beitragen?

6. VERTIEFUNGSTEXT

Dieser Teil des Buches umfaßt Materialien zur eingehenderen Bearbeitung einzelner Aufträge, auf die im Text jeweils hingewiesen wird.

6.1. Inventar wesentlicher Supervisionsfähigkeiten

Wissen über	Persönliche Kompetenz	Beratungskompetenz
Philosophische und ethische Grundlagen	Fähigkeit zur Empathie und Konfrontation	Fähigkeiten zum Rapport und einfühlsamen Zuhören
Systemtheorie Organisationssoziologie und -psychologie	Beobachtungsgabe und Differenziertheit der Wahrnehmung (auch der eigenen Gefühle)	Fähigkeiten des systemischen Fragens Kontextsensibilität
Gender-Problematik	Reflexionsfähigkeit bezüglich sozialer Prozesse	Klares Contracting und Umgang mit unmöglichen und widersprüchlichen Aufträgen
Geschichte der Supervision, Supervisionsformen und Konzepte	Rollenflexibilität	Umgang mit Auftragsdreiecken
Möglichkeiten, Probleme und Grenzen der Gestaltung des Supervisionsprozesses	Konflikt- und Chaostoleranz	Kreative und kontextsensible Gestaltung von Supervisionsprozessen
	Politisch-ökologische Bewußtheit	Führen von systemischen Interviews als Diagnose und prozeßorientiertem Impuls
	Offenheit für religiöse und spirituelle Fragen	Umgang mit „Widerstand" oder eigener Unflexibilität Möglichkeiten der Selbstsupervision und Eigenreflexion Analysemöglichkeiten von Teams in Organisationen

		Bewußtheit bezüglich der eigenen Team- und Insitutionsbiographie in Hinblick auf die Reflexionsfähigkeit der eigenen Übertragungsmuster

6.2. Die 11 Gebote eines systemischen Supervisors

1. Gebot: Du sollst Systemen respektvoll und als neugierig Lernender begegnen!

2. Gebot: Du sollst aus der Balance zwischen Wissen und „nicht-allwissender Demut" handeln!

3. Gebot: Du sollst mit Deinen Partnern eine Koevolution von kreativen Ideen und Visionen ermöglichen!

4. Gebot: Du sollst Wege aus der Problemhypnose zur Lösungstrance anbieten!

5. Gebot: Du sollst prinzipell zukunftsorientiert und mit möglichkeitserweiternden Impulsen arbeiten!

6. Gebot: Du sollst hauptsächlich solche Fragen stellen, welche die Reflexivität, eigene Kreativität und Lernfähigkeit des Systems fördern!

7. Gebot: Du sollst einen Kontext schaffen, in dem die kreative Eigendynamik des Systems genützt und seine Autonomie gefördert wird!

8. Gebot: Du sollst die Kunst des Dialoges so beherrschen, daß Raum für neues Erforschen und präziseres Wahrnehmen entsteht!

9. Gebot: Du sollst es dem System ermöglichen, sich selbst aus unterschiedlichen Perspektiven neugierig zu reflektieren!

10. Gebot: Du sollst durch Dein Tun einen Unterschied machen, der wirklich einen Unterschied macht! Andernfalls ist die Supervision zu verändern oder zu beenden!

11. Gebot: Glaube nie blindlings jeglichen Geboten!

6.3. Kontextspezifische Perspektiven systemischer Supervision

Der Modellwürfel versucht eine Darstellung der komplexen Interaktion zwischen unterschiedlichen Kontextebenen, Systemebenen und Zeitperspektiven.

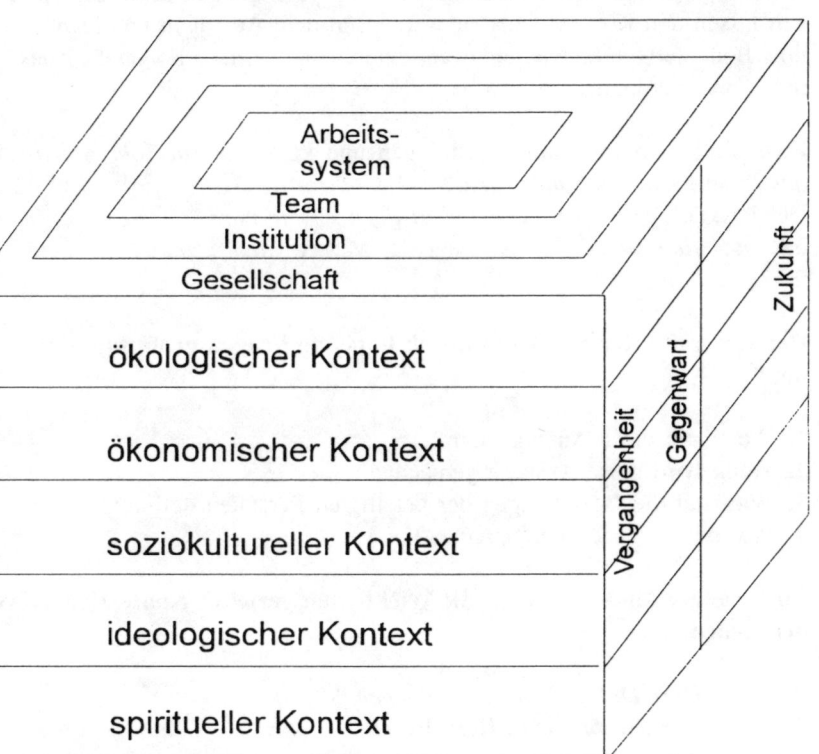

„Das Unveränderte ist nicht wahrnehmbar, solange wir nicht bereit sind, uns im Verhältnis zu ihm zu bewegen" (Bateson, 1981)

6.4. Kontextualisieren

Mit dem Begriff Kontext beschreiben wir die aktuellen Bedingungen, auf deren Hintergrund ein Verhalten stattfindet. Dies können raum-zeitliche, beziehungsmäßige und bedeutungsgebende Bedingungen sein. Gezielte Fragen lassen den Kontext sichtbar werden, in dem Aussagen und Handlungen ihre Bedeutung erhalten und wahrgenommen werden. Folgende Anekdote möge dies verdeutlichen:

Eine Mutter kommt zum Psychologen und klagt: *„Mein Sohn spielt noch immer so gerne im Sandkasten."*
Der Psychologe antwortet: *„Das ist doch wunderbar."*
„Ja, das finde ich ja auch," sagt die Mutter, *„nur seiner Frau gefällt es nicht."*

Der relevante Kontext kann durch folgende Fragen grob umrissen werden:

1. Wo findet diese Aussage statt?
2. Wann wird diese Aussage gemacht?
3. Wie sind die Beziehungen der beteiligten Personen definiert?
4. Wie definiert sich der Sprecher?

Eine weitere Anekdote möge die Wichtigkeit gezielter Kontextfragen verdeutlichen:

Patient: *„Herr Doktor, ich höre Stimmen."*
Arzt: *„Wo und wann denn, Herr Maier?"*
Patient: *„Am Telefon."*

Ein Kontext wird hergestellt durch einen Sprecher, der einen Zusammenhang vorschlägt, in dem Aussagen oder Handlungen eine bestimmte Bedeutung erhalten.
Die kontextuellen Bedingungen nehmen damit maßgeblichen Einfluß darauf, wie eine Äußerung oder Handlung wahrgenommen wird.

Bezogen auf Supervision erfragen wir folgende Kontextaspekte:

a) **den Entstehungskontext der Supervision**
   Wie kommt es zur Idee, Supervision in Anspruch zu nehmen?
   Wer ist an diesem Meinungsbildungsprozeß beteiligt?
   Welche Auswirkungen hat die Idee, Supervision zu nehmen, im System?
   ....

b) **den Überweisungskontext der Supervision**
   Gab es bereits vorher Supervision, und wie ist diese entstanden und verlaufen?
   Welchen Einfluß hat die bereits stattgefundene Supervision auf das Zustandekommen dieser Supervision?
   ....

c) **den Arbeitskontext der Supervision als Lösungsversuch**
   Wie schauen die genauen Bedingungen aus, unter denen Supervision mit welchen Zielen stattfindet, und welche Bedeutung wird dieser Form der Zusammenarbeit in Hinblick auf die Ziele beigemessen?

d) **Problemkontext der Supervision**
   Welche Fragen, Probleme usw. werden in der Supervision angesprochen und unter welchen kontextuellen Bedingungen finden diese statt?

6.5. Zwei systemische Paradigmata von Supervision

Strukturalismus und Konstruktivismus

Die strukturalistische Denkweise glaubt, daß hinter beobachtbaren Oberflächenstrukturen (Verhaltensweisen, Symptomen, Interaktionssequenzen in Systemen, Wörtern, Sätzen) wirksame Bedingungen als Tiefenstruktur zu finden sind, aus denen sich die Phänomene der Oberflächenstruktur erklären und herleiten lassen.

„Im poststrukturellen Denken erzeugt Sprache die Welt und es wird nicht mehr nach einer dahinterliegenden Wahrheit im Text oder in der Geschichte gesucht, sondern die Kreativität der Interaktion zwischen Leser und Text ist entscheidend. Jeder Text ermöglicht ohnehin nur Mißinterpretation, also kann man nur mehr oder weniger „kreativ mißverstehen" (vgl. Harland 1987). Auf Therapie und Supervision bezogen würde sich daraus ergeben, daß Mißverstehen der Geschichte des Klienten viel wahrscheinlicher ist als das Verstehen. Das Beste, was Therapeuten und SV tun können, ist ihre Klienten in einer Weise mißzuverstehen, so daß kreative Wahlmöglichkeiten und flexiblere Bedeutungen entstehen. Gerade die Geschichten von Narren aus aller Welt und viele Witze sind Beispiele kreativen Mißverstehens.
Die klare Unterscheidung der beiden Konzepte ermöglicht mir mehr Bewußtheit für einen flexiblen und kontextsensiblen Umgang in Supervisionen. Verlieren sich SD in der Unsicherheit eines Gedankenwirrwars von möglichen unterschiedlichen Perspektiven, kann das Angebot einer passenden strukturalistischen Hypothese Halt und Handlungsorientierung geben. Erstarren jedoch SD in rigiden, fixen Ideen und pseudo-objektiven Anschauungen, bringt konstruktivistisches Vorgehen vielleicht einen kreativen Unterschied, der einen Unterschied macht. Beiden „Seifenblasen" systemischer Epistemologie liegt jedoch für mich ein Glaubensbekenntnis zugrunde. Das ist der Glaube von menschlich-sozialen Systemen als sich ständig verändernden, stochastischen und nichtlinearen Kommunikationsprozessen. Das heißt, verwandle nie einen Prozeß in ein Ding, versuche etwas über die Prozesse zu erfahren, aber laß dieses sogenannte Wissen auch wieder los und erkenne die Fallstricke unserer Art der Versprachlichung solcher Prozesse. Bateson meinte einmal: „Ich bin ein Verb." Kürzer und prägnanter kann man diesen Standpunkt nicht formulieren." (Brandau 1992)

6.6. Die Symbole der Strukturdiagnostik nach Minucchin

Minucchin u. a. haben verschiedene Symbole zur Strukturdiagnostik von Systemen vorgeschlagen, mit deren Hilfe es möglich ist, eine aktuelle Beziehungssituation graphisch darzustellen. Mit Hilfe dieser Symbole können wir unsere Hypothesen sichtbar machen und darstellen. Ein solches Bild kann jedoch nur eine Momentaufnahme eines bestimmten Beobachters in einem bestimmten Kontext sein.

Bei der Anwendung dieser Symbole wollen wir also berücksichtigen, daß es sich bei der Darstellung um unsere persönliche Wahrnehmung oder auch Deutung der Beziehungen in einem System handelt, und für andere Sichtweisen offen bleiben.

Die graphische Darstellung sollte laufend überprüft und angepaßt werden.

Männliche Mitglieder des Systems:

Weibliche Mitglieder des Systems:

Offene oder verdeckte Konflikte:

Konfliktumleitung:

Übermäßiges Engagement:

Annäherung:

Koalition:

Ambivalente Beziehung:

Grenzen innerhalb des
Systems:

flexibel

rigid

diffus

Ältestes Mitglied gemäß der
Zugehörigkeit zum System:

Die Größe der Symboldarstellung kann als Ausdruck der Mächtigkeit gelten.

Z. B.: □　⊣⊢　①

Konflikt zwischen männlichem Chef und mächtiger ältester Mitarbeiterin

Vorschläge für die Ergänzung der Minucchin-Symbole zur Darstellung struktureller Dynamik in Institutionen

~~~> Informationsfluß

~~X~> Unterbrochener Informationsfluß

Team

Übergeordnete Führungsebene

Vorgesetzter

Dazu zwei Beispiele:

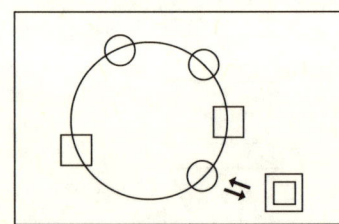

Team innerhalb eines institutionellen Rahmens mit einem Vorgesetzten, der in einer ambivalenten Beziehung zu einem Mitglied steht.

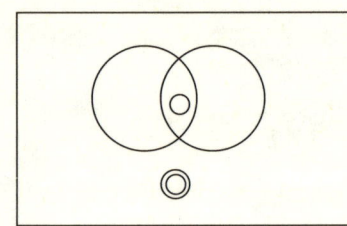

Team mit angrenzendem System (Team II), wobei ein Mitglied in beiden Teams Funktionen hat; sowie übergeordneter Führungsebene.

130

6.7. Netzwerke

Darstellung für den Arbeitsauftrag von Seite ....

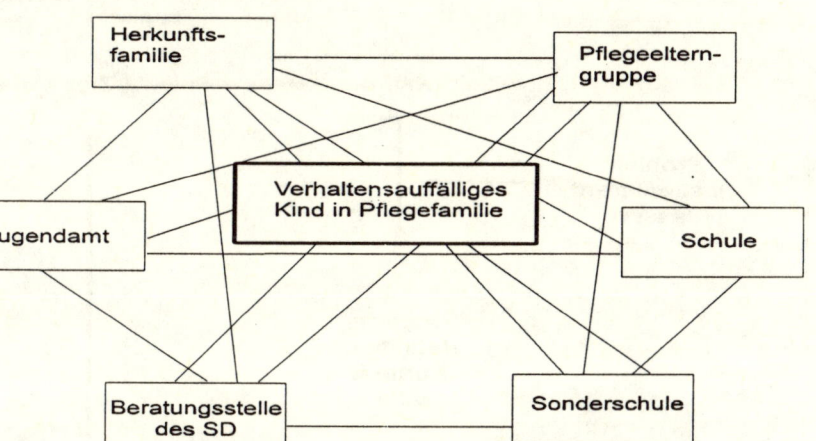

.Diese komplexe Vernetzung zeigt auf, wie vielfältige Einflüsse einwirken und bei der Erhaltung des Problemsystems beteiligt sind.

In der Supervision mag der SD die Bereitschaft des SV zuzuhören, seine Gefühle (z. B. die Empfindung überfordert zu sein) ernstzunehmen und gegebenenfalls Stütze und Solidarität zu vermitteln, hilfreich erleben. In einem beratungsorientierten Ansatz von Supervision könnte dies ausreichen, um den SD gestützt in seine Tätigkeit zu entlassen. Wir wollen jedoch darauf hinweisen, daß in diesem Fall eine eingehende Berücksichtigung des Netzwerkes für ein zielführendes Vorgehen anzuraten ist.

Wenn wir das Verhalten der Familie z. B. als Schutz vor neuen Interventionen weiterer „Helfer" wahrnehmen, ist es notwendig, daß Helfer und Klienten in einer gemeinsamen Absprache gemeinsame Ziele entwickeln und die entsprechenden Maßnahmen vereinbaren.

In diesem Zusammenhang wollen wir auf die Anregungen von E. I. Black, 1990 hinweisen, die sogenannte Helferkonferenzen vorschlägt, um

a) die Maßnahmen der verschiedenen Professionisten zu koordinieren
b) gemeinsam mit den Klienten Ziele zu entwickeln
c) die Maßnahmen zu gewichten und abzustimmen und
d) Hilfe zur Selbsthilfe anzubieten

6.8. Metastruktur systemischer Supervision

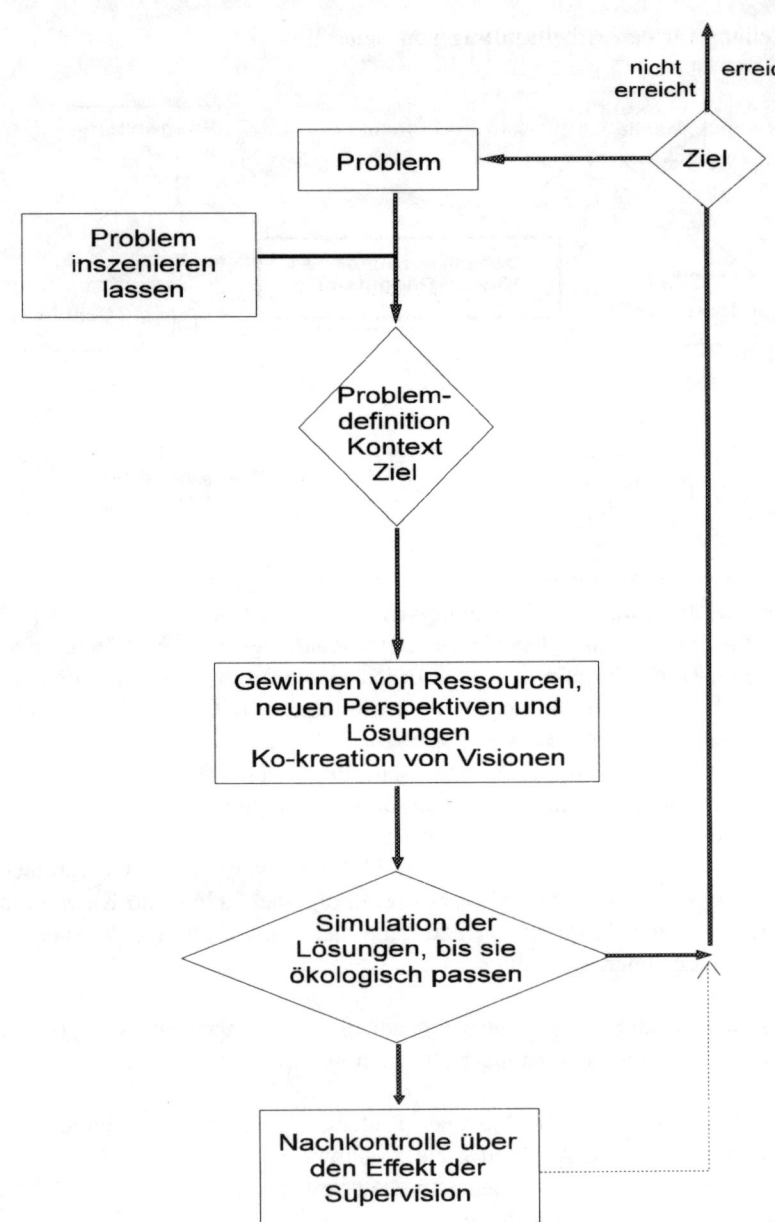

6.9. Assoziation – Dissoziation

In der Arbeit mit Wahrnehmungspositionen im Raum erleben wir eindrücklich den Unterschied von Assoziation oder Identifikation mit einem Bewußtseinszustand, in dem wir in eine vorgestellte (vor uns hingestellte) Erfahrung hineingehen und ihr Ausdruck verleihen und der Dissoziation oder Desidentifikation, wenn wir aus diesem Zustand, dieser Darstellung zurücktreten und die Situation bewußt von außen betrachen.

Dieser körperliche Ausdruck einzelner Positionen im Raum macht etwas deutlich, was wir innerlich ständig tun: Ausgelöst durch Impulse begeben wir uns in bestimmte Bewußtseinszustände und erleben dann in der Folge die Welt, den anderen und das, was uns umgibt aus der Perspektive dieses Zustandes.

Es macht z. B. einen Unterschied, ob wir eine Arbeit aus einem enttäuschten, niedergeschlagenen Zustand oder aus einer guten, kraftvollen Gestimmtheit heraus betrachten. Übungen zur Assoziation und Dissoziation helfen das Vertrauen und die Möglichkeiten zu stärken, bewußt und manchmal auch distanzierter mit diesen Bewußtseinzuständen umzugehen.

Die Herausforderung liegt in einer Bereitschaft, für die momentane Verfassung Verantwortung zu übernehmen, nicht länger andere oder die Umstände dafür verantwortlich zu machen und zu entscheiden, ob dieser Bewußtseinszustand (und seine Folgen in Hinblick auf die Wahrnehmung) beibehalten oder verändert werden soll. Für die Arbeit in der Supervision gilt es, Möglichkeiten zu entwickeln, vielfältige Bewußtseinszustände einzunehmen, um von einer Meta-Position aus hilfreiche und angemessene Ressourcen zu aktivieren.

6.10. Das reflektierende Team

Die Methode des reflektierenden Teams (Anderson 1989) stellt eine Möglichkeit dar, die Durchführung einer Supervision zu unterstützen. Durch ein spezifisches Setting wird versucht, eine Meta-Position einzurichten, die die Betrachtung des Geschehens aus einer anderen Perspektive ermöglicht, ein ins „System gehen" verhindert, und von dem SV, der mit dem System arbeitet, als Ressource für zusätzliche Informationen benützt werden kann. Damit soll der Einschränkung entgegengewirkt werden, die in dem Hang liegt, ausschließlich in bestimmten Kategorien wahrzunehmen, zu denken und Ereignisse aus lediglich einer Perspektive zu betrachten. Die Begrenzung auf einen sogenannten „wahren" Blickwinkel grenzt die Verhaltensmöglichkeiten ein.

Gewöhnlich arbeitet z. B. ein SV bzw. SD mit einer Gruppe, Familie, Team, während sich die Mitglieder des reflektierenden Teams etwas abseits aufhalten. Dabei gibt es verschiedene Formen der Durchführung:

a) Das reflektierende Team bildet zu einer bestimmten Zeit einen Kreis, unterhält sich über die beobachtete Sequenz und hat dabei keinen Kontakt zum SV oder den Mitgliedern des Systems. SV und System hören zu.

b) Das reflektierende Team bildet einen Kreis und tauscht sich mit dem SV aus. Das System hat jedoch keinen Kontakt und hört nur zu. Die Mitglieder des Systems haben jedoch keinen Kontakt und hören nur zu. Für diese Phase des Austausches im Reflecting-Team gibt es einige Hilfestellungen:

Die Teilnehmer sollen
➤ sich in ihren Äußerungen auf die Inhalte der beobachteten Sequenz beziehen
➤ den reflektierenden Prozeß kurz halten
➤ sich an der Sprache und den Metaphern der Klienten orientieren
➤ die Anzahl der Ideen, mit denen wir arbeiten, maximieren
➤ das Suchen nach einer konsensuellen Diagnose einer übergreifenden Idee aufgeben, die das alles erklären könnte
➤ kurze prägnante Beiträge einbringen
➤ ihre Aussagen in Fragen formulieren, die Möglichkeiten anbieten (könnte es sein...., ich frage mich, ob....)
➤ manchmal, wenn es angemessen erscheint, positiv konnotieren (wohlwollende, selbstwertgebende, stützende Formulierungen verwenden, Reframes anbieten), ohne den Eindruck erwecken zu wollen, den Klienten etwas auszureden

➤ Innerhalb des Team möglichst vielfältige Meinungen und Sichtweisen entwickeln und gegebenenfalls einseitige Sichtweisen ergänzen und balancieren.

➤ Bedenken, daß die Klienten die Experten sind; sich unser Expertentum lediglich im Entwickeln einer vielseitigen Konversation über das, was für sie zentral ist, liegt

Nach Abschluß dieses Austauschens ist es empfehlenswert, das der SV die SD fragt, was von dem Gehörten bedeutsam war, oder aufgegriffen werden soll. Unserer Erfahrung nach sollte diese Methode nicht überbewertet werden, wir schätzen sie als Übungsinstrument für Ausbildungskandidaten und für Teams, die lernen, effektiv mit Meta-Position zu arbeiten. Hilfreich kann diese Methode sein, um vielfältige Sichtweisen zu entwickeln und anzubieten.

Die Effektivität des Reflecting-Teams oder der von diesem Team gegebenen Impulse hängt von verschiedenen Faktoren ab:

Zunächst einmal davon, inwieweit die Teilnehmer des reflektierenden Teams in der Lage sind, sich an die oben gegebenen Hinweise zu halten.

Darüber hinaus ist eine Fähigkeit zur Dissoziation vom jeweiligen Thema bzw. die Fähigkeit zur wechselnden Assoziation mit unterschiedlichen Positionen im Sinne eines Spiels mit Perspektiven hilfreich.

Bedeutsam ist also die Voraussetzung, eigene eingrenzende Wahrnehmungs- und Denkprozesse immer wieder aufzulösen, um neue Unterschiede einzuführen.

6.11. Ideen provokativer Supervision – Einige Gedanken

I Grundannahme:

Der SD wird nicht wie ein bedauernswertes, zerbrechliches Opfer behandelt, sondern wie jemand, der auch mal ein deutliches Wort verkraften kann, dessen einschränkende Einstellungen auch „mal auf den Arm genommen" werden können.
Provokative Supervision geht von der Annahme aus: „Ich traue dir zu, daß du selbst die Lösung findest."

II Kontext:

Provokatives Vorgehen findet in einem bestimmten Kontext statt:
Wenn der Supervisor manchmal hart und konfrontierend ist, dann wird die Qualität nichtsprachlicher Kommunikation besonders wichtig. (Dazu gehören Humor, Berührung, Augenzwinkern und andere Möglichkeiten, mit dem SD in Rapport zu bleiben.)

III Einige Hypothesen der Provokativen Supervision

➤ Menschen wachsen innerlich und verändern sich, wenn sie auf eine Herausforderung reagieren.

➤ SD können sich ändern.

➤ Die psychische Zerbrechlichkeit von SD wird in hohem Maße überschätzt.

➤ Wenn der SD vom SV provoziert wird, neigt er dazu, sich in die entgegengesetzte Richtung zu bewegen. (vgl. F. Farelly, 1991)

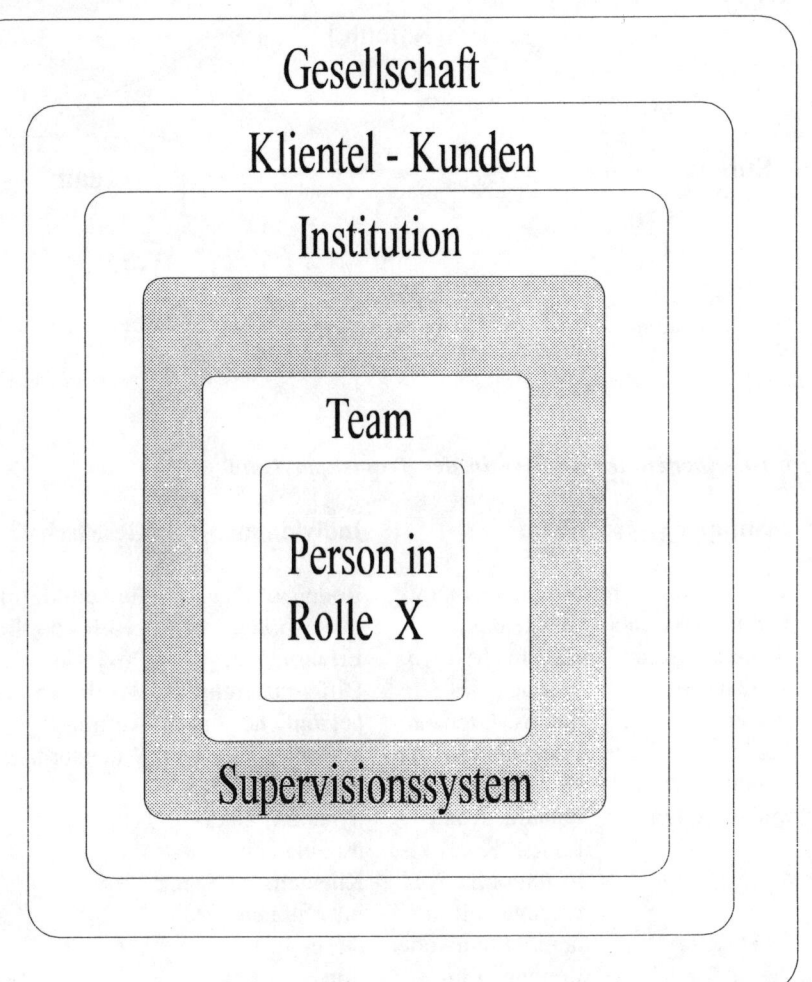

Gesellschaft

Klientel - Kunden

Institution

Team

Person in
Rolle X

Supervisionssystem

6.13. Beziehungsgeflecht der Teamsupervision

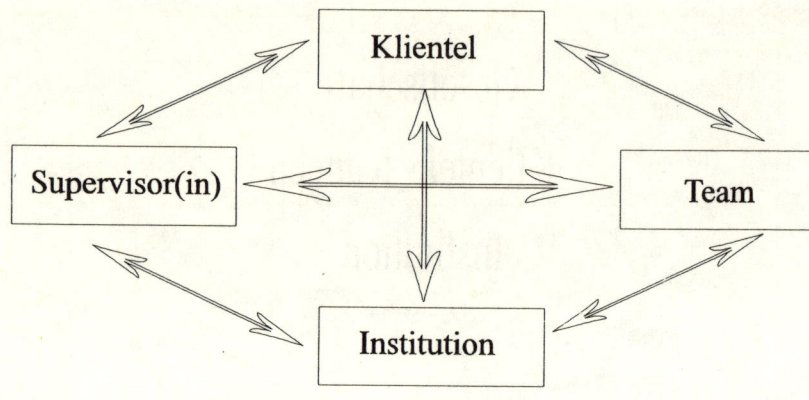

6.14. Ebenen der Analyse in der Teamsupervision

Institution ⇔	**Team** ⇔	**Individuum** ⇔	**Gesellschaft**
Wertesystem von Institutions- und Klientensystem, Aufbau der Rollen und Funktionen der Arbeitsstruktur mit Abläufen	Gruppendynamik des Teams, Regeln, Mythen, Normen des Teams, Grenzen von Subsystemen, Kommunikationsabläufe, Koalitionen, Konfliktlösungsstile, Vernetzung mit anderen Teams oder Leitung, Einbettung in die Institution	Rollenaufträge, widersprüchliche Erfahrungen, Differenzierung persönlicher unbewußter Eigendynamik, Rollendynamik, Übertragung mit Klienten, im Team, im Rahmen dieser Institution	Einbettung in gesellschaftliche Prozesse, Positionierung, Auftrag, Widersprüche

6.15. Thesen zur Teamsupervision

➤ Supervisor und Gruppe sind Partner und Teilnehmer in einem wechselseitigen Lernprozeß.

➤ Aufgabe des Supervisors ist nicht die Veränderung oder Rettung des Teams, sondern einen Prozeß der Selbstreflexion des Teams zu fördern.

➤ Das eigene Konzept der Supervision ist dem Team transparent zu machen.

DER SUPERVISOR ALS RETTER

➢ Auf dem Marktplatz oder der Arena der Organisation wird oft zwischen den verschiedenen Teams und Gruppen um die Verteilung der Ressourcen und die Durchsetzung von Interessen gefeilscht und gekämpft.

➢ Zwischen den beiden Systemtypen: Gruppe (bzw. Team) und Organisationen besteht eine prinzipielle Gegensätzlichkeit. Die Organisation zwingt die Logik des größeren sozialen Ganzen in die Arbeits- und Lebenswelt des Teams hinein.

➢ Mitglieder eines Teams können Beziehungskonflikte anbieten, um von Widerständen und Kränkungen abzulenken, die mit der Ratlosigkeit bezüglich der institutionellen Aufgabe verbunden sind.

➢ Orientiere Dich als Teamsupervisor immer wieder an den Paradoxien und Schwierigkeiten der institutionellen Aufgabe.

➢ Die dem Supervisor in einer Institution angebotenen Konflikte und Schwierigkeiten können Ausdruck einer institutionellen Problematik oder eines Konfliktes sein, der von einer hierarchisch höheren Ebene verschoben wurde.

➢ Die Energie für Arbeit und Bearbeitung muß stets beim Team bleiben.

➢ Die Inanspruchnahme von Supervision bedeutet für manche Teams oder Teammitglieder unbewußt oder bewußt eine Kränkung.

6.16. Gründe, warum man Teamsupervision vermeiden sollte

1. Die Inanspruchnahme eines SV ist eine Kränkung für das Team.

2. SupervisorInnen werden früher oder später Opfer der institutionellen Konfliktdynamik.

3. Supervision erschwert das Finden beruflicher Identität.

4. Supervision bewirkt, daß alltägliche Teamkonflikte in den exklusiven Rahmen der Supervisionssitzung verlagert werden.

5. Supervision ist letztlich Subversion.

6. Supervision vernachläßigt die Organisationsrealität, indem sie auf Personen fokussiert und psychologisiert.

7. Supervision vernachläßigt die Organisationsrealität, indem sie auf Gruppenprozesse fokussiert und „gruppendynamisiert".

8. Supervision ist lediglich eine Modeströmung und boomt in dem Maße, indem weiterhin diffuse Heilserwartungen geschürt werden.

6.17. Vorteile und Nachteile verschiedener Supervisionsformen

a) Vorteile der Gruppensupervision gegenüber der Einzelsupervision

➤ ökonomische Gründe

➤ Unterstützung durch andere Teilnehmer

➤ Teilen von gemeinsamen Erfahrungen

➤ Solidarisierung

➤ Assoziationen, Erfahrungen und Ideen der anderen

➤ weniger Dominanz des Supervisors

➤ aktionsorientierte Inszenierungen möglich

➤ modellhaftes Lernen

b) Nachteile der Gruppensupervision gegenüber der Einzelsupervision

➤ mögliche Gruppendynamik überlagert die inhaltliche Thematik

➤ weniger Zeit für die einzelnen TeilnehmerInnen

➤ ehrliche Auseinandersetzung mit sich selbst ist vor Publikum schwieriger

➤ Spiegelung der Interaktion Therapeut-Klient ist in der Gruppe manchmal weniger herausgefordert.

c) Vorteile der Teamsupervision

➤ Bearbeitung der berufsrelevanten Probleme im organisatorischen Kontext

➤ Heraustreten aus dem geheimnisumwitterten „Psychoghetto" in eine öffentliche Auseinandersetzung

➢ Impulse für die Organisationsentwicklung

➢ „Learning on the job"

➢ Förderung der Lernfähigkeit des Teams in der Organisation

d) Nachteile der Teamsupervision

➢ Hinterfragen brisanter Themen kann existentiell bedrohlich sein

➢ berufsbedingte Rivalitäten verhindern Vertrauensatmosphäre

➢ freies Experimentieren ist manchmal riskanter

➢ „Group think", d. h. trügerisches „Wir-Gefühl"

➢ durch homogene Gruppe manchmal wenig unterschiedliche Perspektiven

➢ Gefahr der Chronifizierung von Abhängigkeitsmustern

➢ ineffizient, sofern es keine institutionsverändernden Auswirkungen haben darf

➢ Gefahr der Rollenkonfusion bei Teilnahme von Vorgesetzten

➢ Gefahr der verdeckten Koalition, wenn Vorgesetzte nicht teilnehmen

6.18. Zirkuläres und reflexives Fragen – eine Form systemischer Intervention

Zirkuläres Fragen ist eine Methode (Fragestrategie), die von Vertretern der Mailänder Schule (Selvini Palazzoili u. a. 1981) zur Exploration und zur Einleitung von Veränderungen entwickelt wurde.

Es handelt sich dabei um Fragen, die Beziehungen und damit die spezifischen Verknüpfungen von Verhaltensweisen, Interaktionen, Deutungen und Reaktionen der Beteiligten sichtbar werden lassen. Mit ihrer Hilfe werden Symptome oder Probleme nicht länger auf Eigenschaften einzelner Personen zurückgeführt, sondern in Beziehungsbeschreibungen übertragen. Damit wird dem Grundanliegen systemischen Beratens Rechnung getragen, Probleme oder Symptome zirkulär und kontextbezogen zu beschreiben.

Der Begriff „Reflexive Fragen" umschreibt dabei die Gruppe von Fragen, die auf die Zukunft gerichtet sind. Diese implizieren die Möglichkeit von Wandel, versuchen vorhandene Realitätskonstruktionen zu verflüssigen und neue Perspektiven zu schaffen. In der weiteren Erläuterung fassen wir reflexive als auch zirkuläre Fragen unter dem Begriff „Systemisches Fragen" zusammen.

Wirkungen systemischer Fragen:

1. Systemisches Fragen versucht, die Zirkularität natürlicher Prozesse zu erfassen und die Sprache, die von ihren Gesetzmäßigkeiten her zunächst linear operiert, zu ergänzen.

2. In der zirkulären Betrachtung eines Problems werden die aufeinander bezogenen Verhaltensweisen der Beteiligten und damit ihre Mitverantwortung sichtbar.

3. Systemisches Fragen läßt die Interpunktionen sichtbar werden, die wir willkürlich vorgenommen haben und unterstützt damit die Wahrnehmung verschiedener Sichtweisen oder Landkarten, die dann nicht länger als die einzig richtige oder wirkliche beschrieben werden können.

4. Systemisches Fragen hat eine infomationserzeugende Wirkung. Im Modell selbstorganisierender Systeme ist Information überlebensnotwendig, um die laufende Neugestaltung und Anpassung der Beziehungen zu ermöglichen. Alle Mitglieder und der SV sind an diesem Prozeß beteiligt, der als Koevolution beschrieben werden kann.

5. Durch Systemisches Fragen werden Unterschiede sichtbar, die sowohl vertraut sein können und damit bestätigend wirken als auch neu sind und dazu anregen, weitere Unterscheidungen zu treffen.

6. Systemische Fragen sind nicht-wertend formuliert, können reihum gestellt werden und helfen damit dem Berater, eine neutrale Haltung einzunehmen. Er erzeugt durch seine Fragen Information und achtet dabei die Autonomie und unterstützt die Kompetenz des Systems.

Die suggestiven Aspekte gerade bei reflexiven Fragen helfen, neue Kombinationen von Zusammenhängen anzubieten, dabei vertrauen die Anwender darauf, daß ohnehin nur die Aspekte wirksam werden, die der Struktur des Systems entsprechen.

Vielleicht ist noch der Hinweis notwendig, daß es nicht darum geht, daß die Beratenden möglichst viele und gute Ideen produzieren, sondern daß sie helfen, neue Informationen wachzurufen, um damit vorhandene Konstruktionen zu verflüssigen und neue Sichtweisen und Zusammenhänge sichtbar werden zu lassen.

6.19. *Ergänzungsmaterialien zur Vorbereitung von Teamsupervision*

Anfrage – Angebot

Unverbindliche Anfrage nach Supervision
➤ Informationsbroschüre
➤ Einführungsvortrag
➤ Literaturliste
➤ SupervisorInnenliste

Anfrage nach Supervision
➤ Persönliche Vorgehensweise zur Kontraktfindung klarstellen
➤ Rahmeninformation geben
➤ Gegebenenfalls Kontaktgespräch (Hierarchie beachten)
➤ Termin für Kontaktgespräch mit relevanten Partnern vereinbaren (wer ist befugt, die Interessen des Teams zu vertreten?)
➤ Fragebogen zur Vorabklärung an das Team versenden
➤ Andere Aufträge, die Auseinandersetzung bewirken und Entscheidungsprozesse bzgl. der Supervision in Institutionen bzw. in Teams unterstützen
➤ Kontraktbedingungen benennen

Entscheidungen für Supervision
➤ Inhaltlichen Kontrakt mit dem Team schließen, organisatorischen Kontrakt mit Team oder Institution schließen

6.20. Vorabfragebogen an die MitarbeiterInnen des Teams

In der Kontraktphase oder im Rahmen der ersten Sitzungen zu Supervision mit Teams ist es anzuraten, mit Hilfe von Fragebögen die komplexen Bedingungen, Haltungen und Einstellungen der MitarbeiterInnen anonym zu erheben.

Damit werden personenbezogene, interaktionelle und gruppendynamische Prozesse durch die Organisationsrealität erheblich relativiert und in diesem Rahmen rekontextualisiert.

Wir schlagen vor, Fragen zu folgenden Themen zu stellen:

➤ Konkretes Arbeitsfeld, Tätigkeitsbedingungen

➤ Klarheit der Aufgabenstellungen

➤ Kooperation, Delegation

➤ Zuständigkeitsbereiche

➤ Informations- und Kommunikationsfluß

➤ Innen- und Außenbeziehung

➤ Persönliche Orientierung und Situation

➤ Zielvorstellungen

➤ Konflikte und Probleme der übergeordneten, hierarchischen Ebenen

➤ Führungsstil

➤ Betriebsklima

➤ Glaubenssätze zu organisatorischen Veränderungen und Neuerungen

6.21. Zur Vorbereitung von Teamsupervision

Es ist auch abzuklären, welche unterschiedlichen Bilder, Vorstellungen und Mythen über Supervision bei den Klienten bestehen, welche konzeptionellen Vorstellungen der Arbeitsweise des Supervisors zugrundeliegen, und was die Klienten davon wissen.

Wenn eine Entscheidung für den Fokus in der Supervision fällt, sollte überprüft werden, welches Setting dafür angemessen erscheint und, wer an der Supervision teilnimmt und welche Auswirkungen (Möglichkeiten und Grenzen) dies gegebenenfalls hat.
Weiter ist zu überprüfen, ob die konzeptionelle Ausrichtung des SV für dieses Team mit dieser Fragestellung wirklich geeignet ist.
Den Kunden (Kundigen) soll durch diese Vorgehensweise auch ermöglicht werden, zu überprüfen, ob das Supervisionsangebot ihren Erwartungen entsprechen kann.
Supervision ist eine Dienstleistung.

Die weiter unten angeführten Vorgehensweisen zur Kontraktfindung sind als Anregung zu verstehen. Die sorgfältige Behandlung der Kontakt- und Kontraktphase schützt nicht nur vor bösen „Überraschungen" in der Supervision, sondern bietet dem jeweiligen Team eine Reihe von Herausforderungen, um ihre Bedürfnisse und Rahmenbedingungen zu klären. Dies wiederum erleichtert maßgeblich die Arbeit in der Supervision. (vgl. dazu die entsprechenden Fragebögen)

6.22. *Dynamik des Auftragskontextes* (nach G. Schmidt)

Arbeitsprämisse: Die Beziehungsdynamik, die sich um die Entstehung der Auftragserteilung rankt, weist mit großer Wahrscheinlichkeit die gleichen Organisationsmuster auf wie die Dynamik, die zur Entstehung und Aufrechterhaltung des sogenannten Problems beitrug.

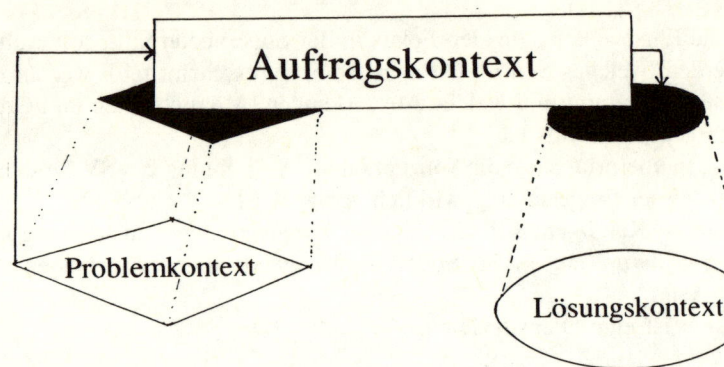

Die Auftragserteilung an die Berater sollte als einer von vielen denkbaren *Lösungsversuchen* behandelt werden; mit den Auftraggebern sollten entsprechend zu Beginn (und immer wieder im Verlauf der Beratung) die systemischen Auswirkungen dieses und anderer Lösungsversuche differenziert beleuchtet werden. Dazu sollte den Auftraggebern klargemacht werden, daß diese Auswirkungsklärung schon zentraler Bestandteil der Arbeit ist, d.h., die Berater sollten in jedem Fall versuchen, schon von Beginn an den erteilten Auftrag insofern umzudefinieren, daß diese Klärung der Auswirkungen des evtl. Auftrages wichtiger Teil des Auftrags wird (Meta-Auftrag).

Systemische Beratung hat deshalb als zentrale erste Aufgabe die *differenzierte Klärung der Auftragsdynamik,* d. h.

a) der *Prozesse,* die dazu führen, daß die Idee des Auftrags entsteht

b) die *Zielvorstellungen* der relevanten Beteiligten und die damit einhergehenden *Erwartungen an das Tun der Berater* (Mittel zur Anregung der gewünschten Veränderung bei den zum Problem Beitragenden)

c) die *Auswirkungen* in den Beziehungen und Organisationsprozessen des beratenden Systems, die sich ergeben würden, *wenn die Berater die erteilten Aufträge ausführen würden*

d) die *Auswirkungen …, wenn* im System die *Zielkriterien erfüllt würden*

(G. Schmidt, zit. aus Seminarunterlagen zur systemischen Organisationsberatung, 1993, Heidelberg)

6.23. Schritte zur Klärung des Auftrages „Supervision" (n. G. Schmidt)

als behutsame Ankoppelung
zwischen

Kundensystem   Beratungssystem

Wir wollen
Team-SV!

Wer definiert SV
als Lösungsver-
such mit welcher
Erwartung?

Ist SV ein pas-
sender Lösungs-
versuch?
Oder etwas
anderes?

Kann SV überhaupt
für alle Beteiligten
sinnvoll und loh-
nend sein und was
müßte da berück-
sichtigt sein?

Was genau
wollen wir
überhaupt mit
und in der SV?

Wie können wir
miteinander arbei-
ten und kooperie-
ren, daß SV für
alle Beteiligten
sinnvoll wird?

Wer von uns könnte
was konkret tun,
daß die SV ein sinn-
volles Ereignis wird
und wie hoch ist die
Bereitschaft dazu?

Was kann
Berater(in)
konkret dazu
beitragen?

6.24. *Arbeit mit der Differenz von Problem- und Lösungskontext*
   (n. G. Schmidt)

Ein Problem ist eine Realitätskonkstruktion, welche durch den **Aufbau von Ist-Soll-Diskrepanzen** „gewebt" wird. In diese „Gewebekonstruktion" fließen diverse Elementbereiche ein, die alle wechselseitig voneinander abhängen und synchron aufeinander einwirken. Ändert man ein Element eines solchen konstruierten Systems, wird meist das gesamte „Gewebe" verändert. (G. Schmidt ebd.)

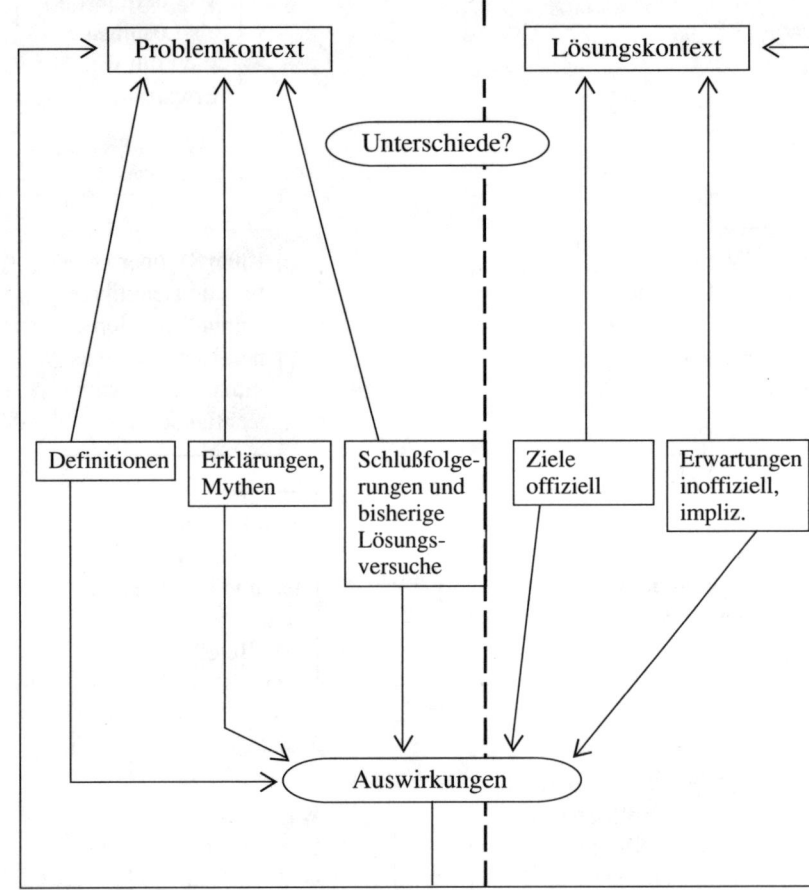

Eine einseitige Lösungsorientierung (vgl. de Shazer, 1992) hat oft Defizitcharakter. Auch die Problemwelt bedarf kontextsensibler Würdigung.

6.25. Fragen zur Kontextualisierung des Problemgewebes
(n. G. Schmidt)

Wer definiert das Problem, für wen ist es am meisten ein Problem, für wen am wenigsten, etc.? Gibt es eher einheitliche oder unterschiedliche Problemsichten? Was hat dies jeweils für Auswirkungen auf die Beziehungen und die Aufrechterhaltung des Problems? Welche hätte es, wenn die Unterschiede in den Definitionen anders gestaltet würden?
Definieren die gleichen Beteiligten in unterschiedlichen Situationen das gleiche Phänomen unterschiedlich, z. B. mal mehr, mal weniger als Problem? Wie kommt das? Gibt es Situationen, in denen das Problem sogar nicht als Problem angesehen wird? Von wem?
Welche Auswirkungen hat dies dann auf die Interaktionsbeiträge? Was macht den Unterschied?

Welche Erklärungen für das Problem gibt es? Unterschiede zwischen Beteiligten? Bei den einzelnen Beteiligten selbst, je nach Situation und je nach Konsequenzen, die aus den Erklärungen zu ziehen wären? – Dieser Aspekt ist sehr wichtig, da der dabei stattfindende, von mir als „Konzeptwechsel" bezeichnete Sprung meist ein zentraler Pfeiler der Problemstabilisierung ist; wenn z. B. ein Verhalten zeitweilig als selbst zu verantworten, als auch selbst beeinflußbar definiert wird, dann aber plötzlich als eher krankhaft angesehen wird, hat dies dramatische Konsequenzen auf die Beziehungsgestaltung, aber auch auf die Möglichkeiten zur Lösung des Problems, die alle Beteiligten noch sehen.

Welche Schlußfolgerungen für das Verhalten untereinander, insbesondere dem „Problemträger" gegenüber, werden daraus gezogen? Wie wirken sich diese Schlußfolgerungen auf die Stabilität des Problems aus?
Welche Auswirkungen hätte es, wenn andere Erklärungen oder andere Schlußfolgerungen aus den Erklärungen für das Problem gezogen würden?

Welche Lösungsversuche gab es bisher schon? Welche waren eher problemstabilisierend, welche eher lösungsfördernd? Wenn es lösungsfördernde bisher schon einmal gab: weshalb wurden die nicht systematisch weiter genutzt? Welche Bewertungen gab es für sie? Welche Reaktionen der Beteiligten? Welche der Reaktionen haben am ehesten dazu eingeladen, die lösungsfördernden Schritte wieder zu unterlassen? Welche Schlußfolgerungen wurden aus den bisherigen Lösungsversuchen gezogen, welche, wenn es fast nur problemstabilisierende gab, welche, wann es auch lösungsfördernde gab,

welche Schlußfolgerungen gerade dann, wenn lösungsförderliche Schritte wieder nicht ausreichend genutzt wurden? (Gerade in diesem Fall ziehen viele Beteiligte eher negativistische Schlußfolgerungen, oft sogar noch krasser, als wenn überhaupt keine lösungsförderlichen Erfahrungen gemacht worden wären – *Hoffnungs/Enttäuschungseffekt!*)
Welche Auswirkungen in den Beziehungen werden eingeschätzt für den Fall, daß die lösungsbringenden Verhaltensweisen kontinuierlich gezogen würden?

„Die Problemmuster haben immer Auswirkungen und wirken als beziehungsgestaltende „Kompetenz". Fast immer lassen sie sich als Lösungsversuche beschreiben, die bestimmten Zielen dienen bzw. dienen sollen.
Diese Ziele sind häufig verdeckt bzw. unbewußt. Somit sind diese Problemmuster wichtige Informationen über Werte und Bedürfnisse im System. Nach dem bekannten Spruch: „Verbirgst Du deinen Schatten, schwindet Dein Licht" wird eine ganzheitliche und balancierte Erfassung der Systemkräfte möglich."
(G. Schmidt; Seminar des ISB „Supervision in komplexen Systemen", Graz, 1994)

154

6.26. Fragen für eine allgemeine Selbstreflexion nach Gruppen und Teamsupervision

1. Mein intensivstes Gefühl nach dieser Supervision ist ...

2. Worauf weist mich mein Gefühl hin? Welche Information, Spiegelung oder welcher Eigenanteil ist darin verborgen?

3. Gedanken, die mich nach dieser Supervision beschäftigen, sind ...

4. Welcher Prozeß entwickelt sich gerade in der Gruppe?

5. Worauf möchte ich in der nächsten Sitzung mehr achten?

6. Braucht die Gruppe mehr
   Ruhe
   Konfrontation
   Bewegung

7. Wer erinnert mich an wen?

8. Wer sind die Zugpferde, heimlichen Führer, Außenseiter, Bremser ...

9. Wer scheint unabhängig vom Gruppenprozeß in einer labilen, bzw. schwierigen Phase zu sein?

10. Wenn ich mich mit diesem Team so interagieren sehe, dann fällt mir besonders auf ...
    Wen habe ich zuerst aufgeschrieben, wen zuletzt – warum?
    Habe ich jemanden vergessen?
    Welche Wünsche und Befürchtungen drückt X aus?
    Was will ich überprüfen?

11. Wie erlebe ich das Team und mich in der gesamten Organisation und wie würde ich das symbolhaft in einer Zeichnung ausdrücken?

6.27. 10 wichtige Fragen für systemische Teamsupervision

1. Wer und welche Sub- bzw. Suprasysteme gehören zum Problemsystem? (übergeordnete Organisationseinheiten etc.)

2. Wie wird das Problem von den Betroffenen und Systemen definiert und welche Erwartungen (Motivationen) haben sie? Geht es darum, Muster, in die ein Problem eingebettet ist, in Bewegung zu bringen, zu verstören?

3. Wie kann ich als SV sowohl Teil dieses Systems sein, als auch eine möglichst neutrale Außenperspektive bewahren? (Methoden des Reflecting Team, Video, reflexive Fragen, Sculpting...)

4. Welches sind die wesentlichen institutionellen Widersprüche, Paradoxien, Muster, Spielregeln und Lösungsversuche, die eine Weiterentwicklung blockieren?

5. Welche Wirklichkeitskonstruktionen sind zu verflüssigen, bzw. zu erweichen und welche zu erhärten?

6. Welchen Zeithorizont hat das System, und wie läßt sich der Raum von Gegenwart und Zukunft entfalten?

7. Wie lassen sich Ressourcen aktivieren?

8. Wie lassen sich Eigeninitiative und autonome Selbstorganisation aktivieren?

9. Wie lassen sich Möglichkeiten der Selbstreflexion und Weiterentwicklung installieren?

10. Wie lassen sich kreative Unterschiede, die für das SV-System wirklich einen Unterschied machen, so gestalten, daß sie Sinn haben und rigide Muster stören?

6.28. Möglichkeiten zur Selbstsupervision

Fragen zur Gegenübertragung in Bezug auf Teams und Organisationen

- An wen erinnert mich dieses Team X in der Organisation Y?

- Was löst X in mir aus?
  Phantasien
  Affekte
  Handlungsimpulse

- Möchte ich selbst bei X Mitglied sein?

- Welche Eigenheiten, Regeln und Mythen von X und Y lehne ich ab?

- Welche Eigenschaften von X lehne ich ab?

- Welche Erfahrungen verbinde ich mit diesen Eigenschaften?

- Wenn ich Mitglied bei X sein müßte, dann würde ich als erstes ...

- Wenn ich mir das Ende der Supervision vorstelle, kann ich mich dann leicht oder schwer von X trennen?

- Fällt mir manchmal völlig unerwartet X ein?

- Fühle ich mich bei X eher zu Aktivität oder zu Passivität provoziert?

- Wird es mir bei Team X manchmal langweilig?

- Bin ich nach der Supervision müde?

- Verspüre ich manchmal Ärger in den Sitzungen?

- Warum will ich eigentlich die Supervision bei X in Y noch fortsetzen?

- Treibt mich ein Drang nach Vollständigkeit, Perfektion oder ..., daß ich mich bei X noch so bemühe?

- Habe ich möglicherweise bei X bzw. Y bestimmte Konfliktbereiche, die mir unangenehm sind, übersehen bzw. unbewußt übernommen?

- Neige ich dazu, mich mit X oder einzelnen Teilnehmern stark zu identifizieren, z. B. auch gegenüber Y, indem ich mich auch frage, was ich an ihrer Stelle tun würde, statt zu fragen, was sie empfinden und tun möchten?

6.29. Arbeits- und Prozeßebenen der Kurzzeitsupervision für Teams

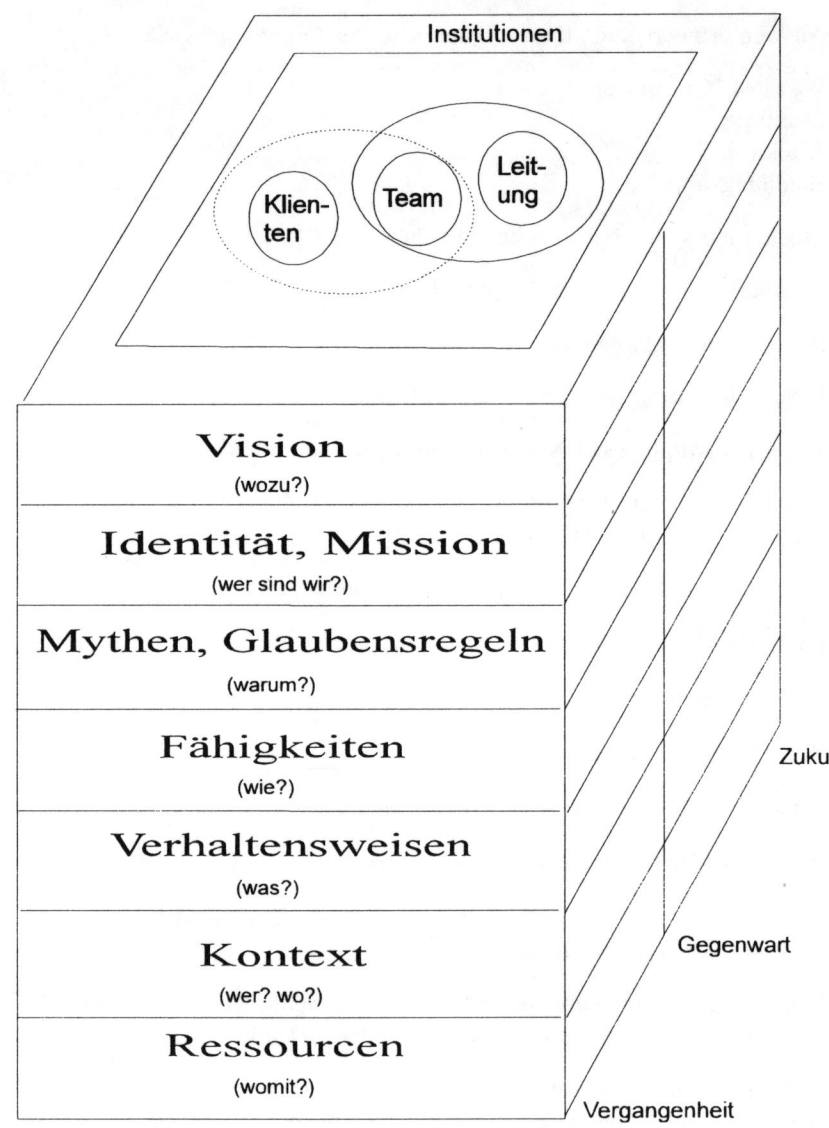

Gesellschaft (Politische Vertreter)

Institutionen

Klien-ten

Team

Leit-ung

Vision
(wozu?)

Identität, Mission
(wer sind wir?)

Mythen, Glaubensregeln
(warum?)

Fähigkeiten
(wie?)

Verhaltensweisen
(was?)

Kontext
(wer? wo?)

Ressourcen
(womit?)

Zukunft

Gegenwart

Vergangenheit

Die praktische Bedeutung dieses Stockwerkmodells besteht darin, daß die jeweils höhere Ebene zwar weitreichende Konsequenzen auf die niedrigeren hat, umgekehrt aber die niedrigere Ebene nur sehr bedingten Einfluß auf die höhere. (vgl. Dilts, 1993) In der horizontalen Ebene sind die relevanten Systeme und Kontextbedingungen dargestellt, deren Konfusion oft erheblicher Klärung bedarf. Kurzzeitsupervision versucht nun, zukunftsorientiert mit besonderem Akzent auf den oberen drei Prozeßebenen zu arbeiten.

Aufgrund unserer Erfahrungen gehen wir von folgender Hypothese aus:

Der Grad der Bewußtheit in Gruppen, Teams und Organisationen nimmt mit ansteigender Prozeßebene ab.
Besonders die Bereiche Mission und Loyalität, Identität und Mythen erscheinen uns in Systemen weitgehend unbewußt.
Aber bereits bezüglich der Ressourcen, Entscheidungs- und Kooperationsfähigkeit herrscht in manchen Systemen ein relativ hoher Grad an Unbewußtheit.

Dabei ist uns auch die Beachtung des Zeithorizontes wesentlich. Denn viele Teams und Organisationen leiden unter dem hypnotischen Phänomen der Zeitverzerrung, was das Wahrnehmen ihrer eigenen Vergangenheit, Gegenwärtigkeit und Zukunft betrifft.
Einen uns interessant erscheinenden Aspekt nennt Luhmann im folgenden Zitat:

„Technologie und utopische Entwürfe haben naturgemäß sehr verschiedene Zugangsweisen zur Zukunft. Ihre Differenz legt Optionen und polemisches Verhalten nahe. Viele ideologische Diskussionen und politische Konfrontationen unserer Tage speisen sich aus dieser Difurkation.
Wenn man sich auf dem Boot namens Utopia einschifft, wird man sich Technologien gegenüber künftig sehr kritisch verhalten, und dies zu Recht, selbst wenn man bereit ist, eine Technologie zu benutzen, um mit dem Boot von der Küste loszukommen.
Wenn man sich andererseits daranmacht, Technologien zu verbessern, man sich – und dies erneut zu Recht – über Leute ärgert, die die Zukunft als Substitut der Realität benutzen und in die eigene Arbeit interferieren, ohne zu ihr beizutragen.
„Jede Seite sucht ihre eigene Zukunftsperspektive zu totalisieren und die der anderen Seite zu unterdrücken." (Luhmann, 1990)

159

7. HINWEISE UND TESTS ZUR BERUFSPRAXIS

7.1. Anleitung zum „Unglücklichsein" für Teamsupervisoren
(vgl. Brandau, 1994)

1. Übernimm blindlings jeden Auftrag, denn es könnte Dein letzter sein.

2. Vermeide genaues Nachfragen, wenn Du einen Auftrag bekommst, denn dann könnte Dir nur die Lust darauf vergehen.

3. Schenke den Auswirkungen Deiner Supervision auf die Institution keinerlei weitere Beachtung.

4. Die Ergebnisse und Effekte der Supervision sollten nach Möglichkeit subversiv (bottom up) eingefädelt werden.

5. Überprüfe nie, wer die letztgültige Entscheidungs- und Verantwortungsmacht in der Institution hat.

6. Benimm Dich als männlicher Supervisor in einem feministisch orientierten Frauenteam wie John Wayne und als Supervisorin in einem Team von Patriarchen wie Alice Schwarzer.

7. Sorge dafür, daß die Teammitglieder durch Tratsch die Arbeit transparent machen.

8. Überzeuge die Verantwortlichen und Teammitglieder, daß sie ohne Supervision nicht mehr überleben und schon gar nicht leben könnten.

9. Wenn Du schon als Supervisor die „Übersicht" verloren hast, dann tue einfach so, als ob Du sie hättest.

10. Mache möglichst viel und kümmere Dich nicht, ob es Deine Klienten auch wirklich brauchen.

11. Laß Dich unbedingt in die Rolle eines Mechanikers oder Retters drängen, der den Defekt im System reparieren wird.

12. Betrachte Dein Arbeitsfeld möglichst als eine Maschine.

13. Reduziere mit all Deiner Sprach-Akrobatik Teamprobleme auf indivi-
duelle Probleme, Organisationsprobleme auf Teamprobleme und gesell-
schaftlich bedingte Probleme auf organisatorische Probleme.

14. Nimm unangenehme Gefühle, die bei Dir als Reaktion in der Arbeit
auftauchen nicht als Information über das Team, sondern als persönliche
Unzulänglichkeit.

15. Je fauler die Teammitglieder sind, desto mehr streng Dich an, schließlich
wirst Du für den Job bezahlt.

16. Kaschiere die Unqualifizierung von Teammitgliedern durch die Supervision derart, daß dieses institutionelle Versagen nicht auffällt.

17. Versuche, die Arbeitszufriedenheit zu steigern, auch wenn diese nur durch
Veränderung der Arbeitsbedingungen behoben werden könnte.

18. Löse auf möglichst diskrete Weise Probleme des Teams, die nicht öffent-
lich werden dürfen und institutionelle Konsequenzen nach sich ziehen
würden.

19. Kontrolliere für den Auftraggeber, ohne daß es auffällt, nicht einmal Dir
selbst.

20. Arbeite vor allem mit Teams, die Supervision als chronifizierende In-
stanz für ihre Konflikte, Selbstmitleid und andere „Spielchen" mißbrau-
chen.

7.2. Tiefenpsychologische Typologie für BeraterInnen und SupervisorInnen oder: Selbsterkenntnis ist der erste Weg zur Verstellung

Arbeits-   Denke an gewisse KollegInnen und vervollständige die Typologie.
auftrag   Schubladisiere jedoch niemals Dich selbst, Du könntest es ernst-
haft bereuen.

Schizoide SupervisorInnen:

Contracting: „Liebe auf den ersten Blick" oder sofortige Ablehnung des
Auftrages – Mißachten Detailfragen bei der Formulierung des
Kontraktes.

Arbeitsstil: Eher beziehungs- und gefühlsdistanziert, aber strukturiert. Lassen sich von Ressourcen faszinieren, meiden Konfrontation,
glauben, daß sie ohnehin verstanden werden, und die Klienten
wissen, was sie meinen.
Große Empathie, starke dyadische Fixierung, Hang zum
Theoretisieren und zur Polarisierung, Neigung, utopische Werte
und Ideale zu vertreten. Gefühle gegenüber Klienten, Teams
werden kaum als Information benutzt.

Abschluß: Sind eher wieder froh, ihre Klienten loszusein.

Fallen: Niedrige Schwelle für Streß, Impulsivität und tiefere Gefühle
werden blockiert, fühlen sich entwertet, wenn eigene Normen
und Ideale infrage gestellt werden.

Oral-depressive SupervisorInnen

Contracting: Nehmen fast jedes Angebot – klammern sich an eine begonne-
ne Beziehung, Angst, daß ihnen ein anderer Supervisor den
Auftrag wegschnappt. Besonders beliebt sind Teams mit Burn-
Out-Symptomen und unklaren Zielvorgaben, nehmen also gerne Teams, denen es schlecht zu gehen scheint – bevorzugen
weiches und flexibles Contracting.

Arbeitsstil: Erwarten, daß Beziehung heilt – Wichtigkeit des Transfers und
der autonomen Weiterarbeit des Klienten wird unterschätzt,
scheuen Konfrontation, Konflikte und u.a. Aggression, weil das

162

"gute Beziehung" stören könnte. Genießen Beratungsprozesse, wo sie anderen "nahe" sein können.

Abschluß: Haben Schwierigkeiten, sich zu trennen und zu verabschieden; "Trauma des Verlassenwerdens"

Fallen: Erwarten sich unbewußt Dankbarkeit, um sie bewußt abwehren zu können, fühlen sich innerlich leer und liebeshungrig, arbeiten selbst bis zur Erschöpfung – anfällig fürs Helfersyndrom.

Hysterische SupervisorInnen

Contracting: "Jedem Anfang wohnt ein Zauber inne", mühevolle Kleinarbeit und genaues Nachfragen langweilt sie. Wenn Teams oder Klienten ein gutes Publikum sein können, wird der Auftrag sicher angenommen, vor allem, wenn etwas interessant oder gar dramatisch erscheint.

Arbeitsstil: Bevorzugen Kurzzeitmethoden, konzentrieren sich vorwiegend auf Interaktionen im Hier und Jetzt, wollen, daß sich in jedem Interview und jeder Arbeit etwas "bewegt". Sie ziehen gerne möglichst viele weitere Subsysteme in die Arbeit hinein, besonders Dreieckbeziehungen faszinieren sie. Sie neigen zu aktionsorientierten gefühlsintensiveren Methoden. Spontaner und konfrontativer Stil kann zum Selbstzweck entarten.

Abschluß: Längere Durcharbeitungen langweilen sie, sie brechen gerne verfrüht ab.

Fallen: Was nicht intensiv und dramatisch ausgedrückt wird, übersehen oder überhören sie. Sie haben Probleme mit Normen und dem Einhalten von Struktur. Sie unterschätzen die ökologischen Auswirkungen ihrer Interventionen, möchten auch wegen ihres Geschlechts bewundert werden. Rivalisieren gerne mit Konkurrenten in Gruppen und sie fühlen sich wirklicher, wenn sie schauspielern, als wenn sie wahrhaftig sie selbst sind – meiden echten Kontakt und Trauer.

Zwanghafte SupervisorInnen

Contracting: Sie neigen zu präzisen bis pingeligen Kontraktvereinbarungen, brauchen Zeit, um sich letztlich wirklich für den Auftrag zu entscheiden. Sie verlangen genaues Einhalten der Vereinbarungen und versuchen herauszufinden, ob das System „wirklich" zu ihnen paßt.

Arbeitsstil: Sammeln viel Information und diagnostisches Material, um sich in der Beurteilung sicher zu sein. Es fällt ihnen schwer, komplexe und systemische Zusammenhänge herzustellen. Sie sind gegenüber Agierversuchen der Klienten streng bis rigid, eigenständiges Experimentieren der Klienten muß vorher abgeklärt sein. Sie verabscheuen „unsauberen und schlampigen" Umgang mit der „richtigen" Methode.
Sie finden es schwierig, Ressourcen zu utilisieren – spontane und chaotische Prozesse machen ihnen Angst und müssen unter Kontrolle gebracht werden.

Abschluß: Neigen zu langen Supervisionen, weil sie Vollständigkeit anstreben. – Ansonsten wird der Kontrakt genau eingehalten.

Fallen: Scheuen Konfrontation und Entstehenlassen von autonomen Prozessen.
„Müssen immer alles richtig machen" – Fehler werden schwer zugegeben. Angst vor eigenen sadistischen Impulsen, die in „Pingeligkeit" sublimiert werden.

7.3. Fragebogen für Berufsanfänger

Achtung: Warten Sie mit der Antwort so lange, bis Sie wirklich ehrlich ist.

Welches schlechte Karma bewirkt bei Ihnen den Wunsch, den Beruf eines Supervisors erleiden zu wollen?

Wenn Sie das Ausmaß Ihres Helfersyndroms in Fiebergraden messen würden, welche Temperatur hätten Sie dann?

Haben Sie bereits erkannt, daß Helfen letztlich sublimierter Sadismus ist?

Bringen Sie genügend masochistische Ressourcen mit, um all den Widersprüchen, Spannungen, An- und Untergriffen bis zur Pensionierung standzuhalten?

Haben Sie Ihre Identität so fest im Griff, daß Sie jederzeit, um den vielfältigen Widersprüchen und Verrücktheiten begegnen zu können, multiple Persönlichkeitsanteile abspalten und aktivieren können?

Haben Sie genügend androgyne Qualitäten und Hormone in sich, sodaß Sie bei eskalierenden Kämpfen zwischen den Geschlechtern flexibel reagieren können?

Wie erklären Sie sich, daß Supervisoren mit zunehmendem Alter verstärkt folgende Verhaltensweisen und Symptome zeigen:

a) Die morgentliche Selbstsupervision vor dem Badezimmerspiegel löst immer häufiger depressive Phasen aus.

b) Die Libido nimmt dramatisch ab und selbst die Haare in der Nase werden grau.

c) Die Erinnerung an Ihren Schatten löst blankes Entsetzen aus.

d) Sie haben die Suche nach Selbstverwirklichung aufgegeben und sich wieder der Religion zugewandt.

e) Nur mehr die Krampfadern vom vielen Sitzen enthalten den Saft des Lebens.

Welche der folgenden Aussagen sind richtig?

Wenn Sie entdecken, daß eine Organisation Sie in einen hinterhältigen Kontrakt hineingelockt hat, so ist der redliche SV verpflichtet:

a. An das Prinzip der Bedenklichkeit zu appelieren   J   N

b. Innerhalb der nächsten 48 Stunden die zuständige
Behörde zu benachrichtigen   J   N

c. Mit dem Kontrollsupervisor das Problem durch-
zuarbeiten   J   N

d. Unverzügliche den Dachverband für Supervision
zu benachrichtigen   J   N

e. Den Beruf des SV aufzugeben   J   N

7.4. Fragebogen zur Kundenorientierung

Bei der derzeitigen Konkurrenz unter SupervisorInnen ist es wichtig, sich gut zu präsentieren. Simuliert ein Kontaktgespräch zwischen Auftraggeber und SV. Der Auftraggeber stellt die folgenden Fragen und bewertet die Antworten des SV mit Hilfe der Punkteskalen.

1. Was sind Ihre besonderen Fähigkeiten als SV?

a) Der SV stellt sich als universal-kompetent vor.

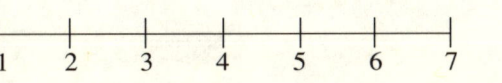

eher weniger   eher mehr

b) Der SV deklariert seine Grenzen.

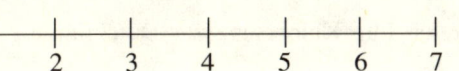

klar   eher unklar

2. Wie sehen Sie Ihre Rolle als SV?

a) Der SV zeigt missionarische Züge.

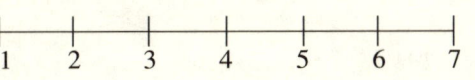

eher weniger   eher mehr

b) Der SV zeigt sich als Angehöriger eines Dienstleistungsberufes.

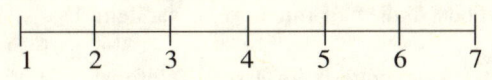

eher weniger   eher mehr

3. Wie stehen Sie, SV, zu unserem Problem?

   a) Der SV erweckt den Eindruck, die Dinge beim Schopf zu packen?

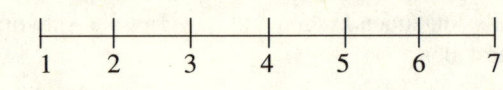

eher weniger   eher mehr

   b) Der SV ist eher zurückhaltend und fragend.

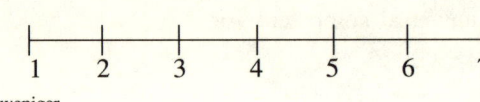

eher weniger   eher mehr

4. Wieviel Sitzungen, glauben Sie, sollten wir in unserem Budget einplanen?

   Der SV schlägt folgende Anzahl vor: _____

5. Woher haben Sie eigentlich Ihre Kompetenz zur Durchführung von SV erworben?

   Der SV nennt:
   a) Titel, Abschlüsse, Zertifikate   10 Punkte
   b) Abwertungen anderer Kollegen   10 Punkte
   c) Positive Prognosen für Ihr Supervisionsanliegen   5 Punkte
   d) Berichtet über ähnliche Fälle, in denen er erfolgreich war 5 Punkte
   e) Keines von allen   0 Punkte

6. Was soll denn die Supervision kosten?

   Der SV reagiert auf folgende Weise:
   a) Der SV nennt direkt den Preis.   3 Punkte
   b) Der SV weicht aus.   5 Punkte
   c) Der SV gibt zu verstehen, daß man mit ihm verhandeln
      könnte.   6 Punkte
   d) Der SV erinnert an die Absprache beim ersten Telefonat. 1 Punkt

Auswertung:

Bitte zählen Sie die angekreuzten Zahlenwerte der Skalen und die Punkte bei den Fragen 4, 5 und 6 zusammen und lesen Sie den entsprechenden Text nach!

60 Punkte und mehr:

Wir möchten Ihnen dringend nahelegen, von dieser Supervision abzusehen. Sie haben es hier offensichtlich mit einem unerfahrenen Keiler zu tun, dem der Verdienst mehr wert ist als Ihr Anliegen. Testen Sie den nächsten SV, es gibt genug davon und beherzigen Sie den Ausspruch: »Tritt für Deine Begrenzungen ein und Du kannst sicher sein, daß sie Dir gehören.« (Richard Bach)

28 bis 59 Punkte:

Wenn Sie mit Mittelmaß zufrieden sind, sollten Sie diesen SV engagieren. Natürlich wäre auch in diesem Fall die eine oder andere Warnung anzusprechen, doch dieser SV kann Ihnen nicht wirlich gefährlich werden. Er/sie wird Ihnen helfen, gut dazustehen, den Eindruck zu vermitteln, daß Sie sich wirklich alle bemüht haben, etwas zu unternehmen. Auch wenn letztlich die Umstände eine wirkliche Entwicklung verhinderten, war die Zeit mit dem SV recht schön. Beherzigen Sie den Ausspruch: »Es hat keinen Sinn, irgendwo hinzugehen um zu predigen, wenn unser Gehen nicht unsere Predigt ist.« (Franz von Assisi)

12 bis 28 Punkte:

Dies ist ein Profi. Jemand, der den Test bereits absolviert hat und Ihnen so dieses Ergebnis präsentieren kann. Versuchen Sie es mit anderen Fragen. Schrecken Sie auch nicht davor zurück, den SV mit extremen Szenarien zu konfrontieren. Z. B.:

»Sie sind bereits der vierte Supervisor in diesem Team im Laufe eines Jahres. Wie wollen Sie mit diesem Umstand umgehen?«

»Ein überwiegender Teil der TeilnehmerInnen der SV könnte Ihr Vater oder Ihre Mutter sein. Wie wollen Sie mit diesem Umstand umgehen?«

»Sie sind zu teuer ...«

usw.

Und beherzigen Sie den Ausspruch: »Kein Vogel fliegt zu hoch, wenn er mit seinen eigenen Flügeln fliegt.« (Ralph W. Emerson)

7.5. Schwierige Situationen im Supervisionsalltag

Übung: Einzelarbeit und Diskussion der Ergebnisse in der Kleingruppe

A. Erarbeite die folgenden Supervisionszenen, kreuze eine Reaktionsmöglichkeit an oder formuliere eine eigene.

B. Tauscht in einer Kleingruppe die Ergebnisse zu diesen Supervisionszenen aus und sammelt Empfehlungen für das Umgehen mit derartigen Situationen.

C. Präsentiert eure Empfehlungen vor der Großgruppe

Nimm Stellung

Die folgenden Darstellungen entbehren natürlich einer eingehenden Beschreibung von kontextuellen Bedingungen, die für eine Entscheidung hilfreich wären. Dennoch, wie würdest Du spontan reagieren?

1. Du gehst zu dem ersten vereinbarten Treffen einer Teamsupervision. Auf dem Weg zu dem Gebäude fängt Dich ein Teilnehmer ab und beginnt Dir mitzuteilen, worum es in dieser Supervision geht.

   a) Du hörst geduldig zu bis ihr am Ort der Supervision seid.
   b) Du unterbrichst ihn und fragst ihn nach der nächstbesten Möglichkeit noch einmal schnell zu telefonieren.
   c) Du fragst nach, um seine Sichtweise möglichst gut zu verstehen.
   d) Du fängst an zu laufen und hängst ihn einfach ab.
   e) …

2. Der Primar einer Abteilung, der auf Wunsch seiner MitarbeiterInnen zugesagt hat an dieser Supervision teilzunehmen, bittet Dich kurz vor Beginn der Supervision in sein Zimmer und teilt Dir mit, daß er aus dringenden organisatorischen Gründen nun doch nicht teilnehmen kann.

   a) Du lächelst wissend und gehst in die Supervision.
   b) Du forderst ihn auf, es seinen MitarbeiterInnen selbst zu sagen.
   c) Du stellst ihn vor die Alternative teilzunehmen oder die Supervision abzusagen.
   d) Du fängst an zu schwitzen und weißt nicht, was Du tun sollst.
   e) …

3. Kurz nach Beginn der Supervision fangen die TeilnehmerInnen an vehement über einen Mitarbeiter zu schimpfen, der nicht an der Supervision teilnehmen kann/wollte/einer anderen Abteilung angehört.

   a) Du stellst einen leeren Stuhl hin und forderst die TeilnehmerInnen auf, mit der Beschimpfung fortzufahren.
   b) Du unterbrichst diesen Prozeß und forderst die TeilnehmerInnen auf, diesen Konflikt direkt auszuhandeln und nicht weiter über nicht anwesende Dritte zu schimpfen.
   c) ...

4. Während einer etwas heftig geführten Debatte zwischen den SD springt einer der Teilnehmer plötzlich auf, ruft: „Ja, genau darauf habe ich gewartet, das mußte ja kommen" und verläßt den Raum.

   a) Du wartest ab, was geschieht.
   b) Du läufst hinterher und bittest sie/ihn zurückzukommen.
   c) Du singst das Lied von den 10 kleinen Negerlein vor.
   d) Du fragst die TeilnehmerInnen, ob das öfter bei ihnen vorkommt.
   e) Du packst Deine Sachen und gehst auch.

5. Innerhalb von 10 Minuten werden nacheinander drei verschiedene TeilnehmerInnen zum Telefon außerhalb des Raumes gerufen. Deine Bitte, die Supervision ungestört durchführen zu können wird gehört. Nach 5 Minuten wird erneut ein/e TeilnehmerIn zum Telefon gerufen.

   a) Du bittest die TeilnehmerInnen sich zu entscheiden, ob sie an der Supervision teilnehmen oder lieber telefonieren wollen.
   b) Du beklagst Dich über soviel Respektlosigkeit.
   c) Du erhöhst Dein Honorar.
   d) ...

6. Während der Supervisionssitzung mit einem Team in einer Beratungsstelle steht eine TeilnehmerIn auf, holt ein bereitgestelltes Tablett und beginnt laut und deutlich Kaffetassen, Kekse, Zucker und andere Jausenutensilien auf dem Tisch zu arrangieren

   Wie würdest Du spontan reagieren?

8. LITERATURVERZEICHNIS

8.1. Standortbestimmung und Grundlagen systemischer Beratung

Anderson, T.: Das reflektierende Team. Dialoge und Dialoge über Dialoge, Modernes Lernen, 1990.

Anderson, H. u. Goolishian, H.: Menschliche Systeme als sprachliche Systeme. In: Familiendynamik/ 1990, S. 211–243.

Axelrod, R.: Die Evolution der Kooperation. Oldenborg, 1991.

Bardmann, Th. et al.: Irritation als Plan. Konstruktivistische Einredungen. IBS-Verlag Achen, 1991.

Bardmann, Th. et al.: Das gepfefferte Ferkel. Lesebuch für SozialarbeiterInnen und andere KonstruktivistInnen. IBS-Verlag, 1992.

Bateson, G.: Ökologie des Geistes. Shurkamp, 1983.

Boscolo, L. et al.: Die Zeiten der Zeit. Eine neue Perspektive systemischer Beratung. Auer 1994.

Brandau, H. Hrsg.: Supervision aus systemischer Sicht. Otto Müller, 1991.

De Shazer, Steve.: Der Dreh. Auer, 1989

Grinder, J. u. Bandler, R.: Neue Wege der Kurzzeittherapie. Junfermann, 1981.

Imber-Black, E.: Familien und größere Systeme. Im Gestrüpp der Institutionen. Auer 1990.

Kersting, H. J. u. Neumann-Wirsig, H., Hrsg.: Supervision. Konstruktion von Wirklichkeiten. IBS-Verlag Achen, 1992.

Königswieser, R. u. Lutz, C., Hrsg.: Das systemisch-evolutionäre Management. Orac, 1992.

Ludewig, K.: Systemische Therapie. Grundlagen klinischer Theorie und Praxis. Klett Cotta, 1992.

Luhmann, N.: Soziale Systeme. Grundriß einer allgemeinen Theorie. Shurkamp, 1984.

Lynch, D. u. Kordis, P.: Delphinstrategien. Managementstrategien in chaotischen Systemen. Paidia, 1991.

Malik, R.: Strategien des Managements komplexer Systeme. Haupt, 1984.

Maturana, H.: Der Baum der Erkenntnis. Scherz, 1987.

Neumann-Wirsig, H. u. Kersing, H. J.: Systemische Supervision oder: Till Eulenspiegels Narreteien. IBS-Verlag Achen, 1993.

Reiter, L. u. Ahlers, C., Hrsg.: Systemisches Denken und therapeutischer Prozeß. Springer, 1991.

Schmidt, S.: Der Diskurs des radikalen Konstruktivismus. Shurkamp, 1987.

Schweitzer, J., Retzer, A., Fischer, H.: Systemische Praxis und Postmoderne. Shurkamp, 1992.

Selvini Palazzoli, u.a.: Hypothetisieren – Zirkularität – Neutralität, Familiendynamik 6, S. 123–139, 1981.

Simon, F. u. Stierlin, H.: Die Sprache der Familientherapie. Ein Vokalbular. Klett Cotta, 1984.

Simon, F. Hrsg.: Lebende Systeme. Wirklichkeitskonstruktionen in der systemischen Therapie. Springer, 1988.

Tomm, K.: Das systemische Interview als Intervention. Lineare, zirkuläre, strategische oder reflexive Fragen? System Familie 2/1989, S. 21–40.

Tschacher, W.: Interaktion in selbstorganisierten Systemen. Asanger Verlag, 1990.

Ulrich, H. u. Probst, G.: Anleitung zum ganzheitlichen Denken und Handeln. Haupt, 1990.

Walter, J. u. Peller, J.: Lösungsorientierte Kurztherapie. Ein Lehr- und Lernbuch. 1994.

8.2. Die Rolle des Supervisors

Achterberg, et al.: Rolle des Supervisors. In: Supervision 3/1983.

Belardi, N.: Supervision. Von der Praxisberatung zur Organisationsentwicklung. Junfermann, 1992.

Cecchin, G., Lane, F., Ray, W.: Respektlosigkeit. Auer, 1993.

Farrelly, F.: Provokative Supervision. In: H. Brandau, Hrsg.: Supervision aus systemischer Sicht. Otto Müller, 1991.

Petzold, H.: Supervision zwischen Exzentrizität und Engagement. In: Integrative Therapie 3–4/1989.

Pühl, H.: Handbuch der Supervision. Beratung und Reflexion in Ausbildung, Beruf und Organisation. Edition Marhold, 1990.

Shanfield, S., Matthews, M., Hetherly, V.: What did excellent psychotherapy supervisors do? In: Am. J. of Psychiatry 150/7, 1993.

Watkins, E.: Development of the psychotherapy supervisor. In: Psychotherapy, Vol. 27/4, 1990.

Wirsig, H. u. Kersting, H.: Systemische Supervision oder: Till Eulenspiegels Narreteien. Kersting Verlag, 1993

8.3. Ethische und geschlechtsspezifische Aspekte der Supervision

Belardi, N.: Ethik und Supervision. In: Supervision 1992, S. 213–216

Brandau, H.: Supervision als Koevolution oder Sokrates als Supervisor. In: H. Brandau, Hrsg.: Supervision aus systemischer Sicht. Otto Müller, 1991.

Cormier, L., u. Bernard, J.: Ethical and legal responsibilities of clinical supervisors. Personal and Guidance Journal 60/1982, S. 486–490.

Cremerius, J.: Abstinenz - Maxime und Realität. In: Inzest und sexueller Mißbrauch. Junfermann, 1992, 317–33

Dorst, B. et al.: Frauen in der Supervision. In: Supervision 20/1991.

Ebbeke-Nohlen, A.: Frauenzimmer und Mannsbilder. Systemische Familientherapie und Geschlechterrollen am Beispiel systemischer Supervision. In: Neumann-Wirsig u. Kersting, Hrsg.: Systemische Supervision oder Till Eulenspiegels Narreteien IBS-Verlag, 1993.

Erger, R. u. Molling, M.: Der kleine Unterschied. Frauen und Männer in der Supervision. Busch Verlag, 1991.

Foerster, H. v.: Wissen und Gewissen. Versuch einer Brücke. Shurkamp, 1993.

Foerster, H. v.: KybernEthik. Merve, 1993.

Heyne, C.: Tatort-Couch. Kreuz, 19•• .

Kersting, H. J.: Die Verantwortung des Supervisors. Ethische Implikationen von Theorie und Praxis. Verlag bei den Freiburger Supervisionstagen, 1993.

Levy, Ch.: The ethik of supervision. In: Munson Charlton Ed., Social work supervision, New York, 1979

Schlippe, A.: Systemische Sichtweise und psychotherapeutische Ethik. Vier Imperative. In: Praxis für Kinderpsychologie und Kinderpsychiatrie, 40/1991, S. 368–375.

Schreyögg, A.: Die ethische Dimension in der Supervision. In: H. Pühl, Hrsg.: Handbuch der Supervision. Marhold, 1990.

Schüers, W.: Supervision und Vision. Parallelen zur Tradition der Heiler. In: H. Brandau, Hrsg.: Supervision aus systemischer Sicht. Otto Müller, 1991.

Trömel-Plötz, S.: Gewalt durch Sprache. Die Vergewaltigung von Frauen. In: Gespräche. Fischer Tb, 1990.

Wirbel, U.: Verletzungen in der Therapie. In: Integrative Therapie, 4/1987, S. 407–423.

8.4. Konzepte der Supervision

Atherton, J.: Professional supervision in group care. A contract-based approach, Tavistock Publications, 1986.

Barde, B. et al.: Konzeptionalisierungen zur Supervision. In: Supervision 19/1991.

Belardi, N.: Supervision. Von der Praxisberatung zur Organisationsentwicklung. Junfermann, 1992.

Brandau, H., Hrsg.: Supervision aus systemischer Sicht. Otto Müller, 1991.

Brandau, H.: Unterschiedliche Ideen systemischer Supervision. In: Wirsing, H. u. Kersting, H. J. Hrsg.: Systemische Supervision oder Till Eulenspiegels Narreteien. ISB-Verlag, Achen, 1993.

Fatzer, G., u. Eck, C.: Supervision und Beratung. Köln, 1990.

Hawkins, P. u. Shohet, R.: Supervision in the helping professions. An individual, group and organisational approach. Opern university press, 1989.

Kersting, H.: Kommunikationssystem Supervision. Unterwegs zu einer konstruktivistischen Beratung. Kersting Verlag, 1992.

Kersting, H. u. Neumann-Wirsig, H., Hrsg.: Supervision. Konstruktion von Wirklichkeiten. Kersting Verlag, 1991.

Pallach, W., Mutzeck, W., Reimers, H., Hrsg.: Beratung, Training, Supervision. Weinheim, 1992.

Pühl, H.: Handbuch der Supervision. Beratung und Reflexion in Ausbildung, Beruf und Organisation. Edition Marhold, 1990.

Pühl, H., Hrsg.: Handbuch der Supervision 2. Edition Marhold, 1994.

Rappe-Giesecke, K.: Theorie und Praxis der Gruppen- und Teamsupervision. 1990.

Wilke, H.: Beobachtung, Reflexion, Supervision. In: Systeme 4/2, 1990.

8.5. Methoden fallzentrierter Supervision

Alpher, V.: Interdependence and parallel processes. A case study of structural analysis of social behavoir in supervision and short term psychotherapy. Psychotherapy, 28/2, 1991.

Atherton, J.: Professional supervision in group care. A contract-based approach, Tavistock Publications, 1986.

Brandau, H., Hrsg.: Supervision aus systemischer Sicht. Otto Müller, 1991.

Brandau, H.: Unterschiedliche Ideen systemischer Supervision. In: Wirsing, H. u. Kersting, H. J. Hrsg.: Systemische Supervision oder Till Eulenspiegels Narreteien. ISB-Verlag, Achen, 1993.

Breulin, D., et al.: Cybernetics of videotape supervision. In: Handbook of family therapy training and supervision, Ed. Liddle, H., Guilford Press, 1988.

Connemann, R. u. Kubesch, B.: Das reflektierende Team als Fallbesprechungsmodell in Lehrergruppen. In: Systemische Therapie 2, 9/1991 S. 128–136.

Farrelly, F.: Provokative Supervision. In: H. Brandau, Hrsg.: Supervision aus systemischer Sicht. Otto Müller, 1991.

Glickauf-Hughes, C., u. Campbell, L.: Experiential supervision. Applied techniques for a case presentation approach. In: Psychotherapy, Vol. 28, 4/1991.

Hargens, J. u. Grau, U.: Systemisch orientierte Gruppensupervision. Eine theoretische Grundlage praktischer Möglichkeiten. In: Gruppen- und Teamsupervision in der Heilpädagogik, Haupt, 1991.

Hawkins, P., u. Shohet, R.: Supervision in the helping professions. Open University Press, 1990.

Haley, J.: Reflections on supervision. In: Handbook of family therapy training and supervision, Ed. Liddle, H., Guilford Press, 1988.

John, R., u. Fallner, H.: Handlungmodell Supervision. Luis Schreder, 1980.

König, K.: Gegenübertragungsanalyse. Vandenhoeck & Ruprecht, 1993.

Liddle, H.: Systemic supervision. Conceptual overlays and pragmatic guidelines. In: Handbook of family therapy training and supervision. Ed. Liddle, H., Guilford Press, 1988.

Liddle, H.: Outcomes of live supervision. Trainee perspektives. In: Handbook of family therapy training and supervision. Ed. Liddle, H., Guilford Press, 1988.

Nedelmann, C. u. Ferstl, H.: Die Methode der Balint-Gruppe. Klett Cotta, 1989.

Petzold, H.: Konzept und Praxis von Mehrperspektivität in der Integrativen Supervision – dargestellt am Fallbeispiel für Einzel- und Teambegleitung. In: Gestalt und Integration, 1/1991.

Pühl, H.: Handbuch der Supervision. Beratung und Reflexion in Ausbildung, Beruf und Organisation. Edition Marhold, 1990.

Richter, K., u. Fallner, H.: Kreative Medien in der Supervision. Busch, 1989.

Schreyögg, A.: Supervision, Didaktik & Evaluation. Integrative Supervision in der Praxis. Junfermann, 1994.

Varga v. Kibéd, M.; Sparrer, I.: Körperliche Selbstwahrnehmung bei systemischen Strukturaufstellungen oder: Wie Systeme Systeme wahrnehmen. In: Wege zur Ganzheit, Zeitschrift für Körpererfahrung, Heilung, Spiritualität, Heft 1/95. Piper. München. Seite 128–154.

Wilke, H.: Supervision als Revisionsinstanz des therapeutischen Prozesses. In: Gestalt und Integration, 1/1991.

Yerushalmi, H.: On the concealment of the interpersonal therapeutic reality in the cource of supervision. Psychotherapy, Vol. 29, 3/1992.

8.6. Teamsupervision

Bardmann, Th.: Wenn aus Arbeit Abfall wird. Aufbau und Abbau organisatorischer Realitäten. Shurkamp, 1994.

Brandau, H.: Anleitung zum Unglücklichsein für Teamsupervisoren oder; vom Glück sich einzureden ein Kurzzeitsupervisor zu sein, Vortrag beim Symposium Systemische Supervision der IGTS in Heidelberg, Dezember 1994.

Buchholz, M.: Macht im Team – intim. In: Praxis der Kinderpsychologie und Kinderpsychiatrie, 37/1988, S. 281-290.

Buchinger, K.: Widersprüche in Organisationen. In: Systemische Therapie, 4/1988.

Buchinger, K.: Balintgruppe - Gruppensupervision - Teamsupervision. Indikation und Methode. In: H. Pühl, Hrsg.: Handbuch der Supervision. Marhold, 1990, S. 131–148.

Buchinger, K.: Eine Organisation hält sich für eine Gruppe und ein anderer Irrtum des Supervisors. In: H. Brandau, Hrsg.: Supervision aus systemischer Sicht. Otto Müller, 1991.

Conrad, G. u. Pühl. H.: Teamsupervision. Gruppenkonflikte erkennen und lösen, Marhold, 1985.

Dilts, R.: Skills for the future, Metapublication 1993.

Fatzer, G.: Rollencoaching als Supervision von Führungskräften. In: Supervision, 17/1990, S. 42–49.

Fatzer, G. u. Eck, C., Hrsg.: Supervision und Beratung. Edition Humanistische Psychologie, 1990.

Fatzer, G., Hrsg.: Organisationsentwicklung für die Zukunft. Edition Humanistische Psychologie, 1993.

Gaertner, A.: Teamsupervision. In: Supervision, 2/1982, S. 56–69.

Gotthardt-Lorenz, A.: Organisationsberatung. Hilfe und Last für Sozialarbeit. Lampertus, 1989.

Gotthardt-Lorenz, A.: Einbeziehung von Leitern in den organisationsbezogenen Beratungsprozeß. Eine conditio sine qua non? In: Supervision, 17/1990, S. 10–19.

Horn-Wagner, D.: Team-Widerstand - Supervision - Verzweiflung. In: Kersting, H. u. Wirsig, H., Hrsg.: Supervision. Konstruktion von Wirklichkeiten. IBS-Verlag, Achen, S. 81–118. 1991

Kersting, H. J., u. Krapohl, L.: Teamsupervision. Eine Problemskizze. In: Pühl, H., Hrsg.: Handbuch der Supervision. Marhold, 1990, S. 149–160.

Kersting, H.: Konstruktivistische Teamsupervision oder: Wie störe ich ein Arbeitssystem. In: H. Brandau, Hrsg.: Supervision aus systemischer Sicht. Otto Müller, 1991.

König, E. u. Volmer, G.: Systemische Organisationsberatung. Deutscher Studienverlag. 1993.

Klinglmair, A.: Systemisch evolutionäre Supervision in Institutionen. In: H. Brandau, Hrsg.: Supervision aus systemischer Sicht. Otto Müller, 1991.

Königswieser, R. u. Lutz, C., Hrsg.: Das systemisch evolutionäre Management. Orac, 1990.

Luhmann, N.: Die Zukunft kann nicht beginnen. Temporalstrukturen der modernen Gesellschaft. In: Sloterdijk, Hrsg.: Vor der Jahrtausendwende. Ansichten zur Lage der Zukunft, Bd. 1, Shurkamp, 1990.

Masters, L.: Supervision for successful team leadership. A personal analysis. Archivement Press Internat., 1992.

Nevis, E.: Organisationsberatung. Ein gestalttherapeutischer Ansatz. Edition Humanistische Psychologie, 1988.

Pühl, H.: Erstkontakt, Beginn und Nachfragenalyse in der Teamsupervision. In: H. Pühl, Hrsg.: Handbuch der Supervision. Marhold, 1990, S. 161–174.

Rappe-Giesecke, C.: Theorie und Praxis der Gruppen- und Teamsupervision. Springer, 1990.

Selvini Palazzoli, M., et al.: Hinter den Kulissen der Organisation. Klett Cotta, 1984.

Spieß, W., Hrsg.: Gruppen- und Teamsupervision in der Heilpädagogik. Haupt, 1991.

Stahl, S.: The empowering supervisor. From supervisor to team leader. Org. Design & Developement, 1992.

Turk, K.: Neuere Entwicklungen in der Organisationsforschung, Enke, 1989.

Vogel, H. C.; Bürger, B.; Nebel, G.; Kersting, H.: Werkbuch für Organisationsberater. IBS Verlag, Aachen 1994.

Weigand, W.: Interventionen in Organisationen. Ein Grenzgang zwischen Teamsupervision und Organisationsberatung. In: H. Pühl, Hrsg.: Handbuch der Supervision. Marhold, 1990, S. 175–193.

Weick, K.: Der Prozeß des Organisierens. Suhrkamp, 1985.

Weigand, W.: Die Analyse des Auftrages in der Teamsupervision und Organisationsberatung. In: Fatzer, G., u. Eck, C., Hrsg.: Supervision und Beratung. Humanistische Psychologie, 1990.

Weinert, A.: Lehrbuch der Organisationspsychologie. Psychologie Verlags Union, 1987.

Wellendorf, F.: Supervision als Institutionsanalyse. In: Pühl, H. u. Schmidbauer, W. Hrsg.: Supervision und Psychoanalyse. Kösel, 1986.

Westerlund, G., et al.: Organisationsmythen. Klett Cotta, 1981.

Widauer, H.: Supervision für Institutionen und ihre Mitarbeiter am Beispiel der Veränderung des Arbeitsklimas im Krankenhaus. In: H. Brandau, Hrsg.: Supervision aus systemischer Sicht. Otto Müller, 1991.